Íntimos

Íntimos

EDUARDO VILLEGAS GARCÍA

Número de Control de la Biblioteca del Congreso de EE. UU.:   2020910308
ISBN: Tapa Dura   978-1-5065-3263-9
                 Tapa Blanda   978-1-5065-3262-2
                 Libro Electrónico   978-1-5065-3261-5

Información de la imprenta disponible en la última página.

Fecha de revisión: 06/10/2020

Para realizar pedidos de este libro, contacte con:
Palibrio
1663 Liberty Drive, Suite 200
Bloomington, IN 47403
Gratis desde EE. UU. al 877.407.5847
Gratis desde México al 01.800.288.2243
Gratis desde España al 900.866.949
Desde otro país al +1.812.671.9757
Fax: 01.812.355.1576
ventas@palibrio.com
813541

ÍNDICE

TERCERA PARTE
COMUNIÓN

PRÓLOGO

Creo que mi imagen de Dios se comenzó a construir durante mis largas y solitarias caminatas a las cimas de El Ávila, la solemne montaña de multiformes morros, verdes tonos y blancas cascadas que, desde el norte custodia a Caracas, mi ciudad natal, y la separa del Mar Caribe. Disfrutaba místicamente de esos ascensos, rodeado del sonido de las hojas de eucaliptus sacudidas por el viento, mientras avanzaba entre raíces entretejidas por sus empinados caminos. Subir era como cruzar lentamente un portal desde lo banal a lo trascendente. La montaña, solemne e inconmovible, era mi templo. Nunca había estudiado seriamente la Biblia ni asistido a una iglesia desde la primaria, pero estaba espiritualmente hambriento y particularmente atento a lo que decía el movimiento Nueva Era a través de los escritos de Metafísica de Conny Méndez y posteriormente Carola de Goya. Luego vinieron Gibran, Rampa, Krishnamurti, Chopra y Buda, entre otros. Desde las filosofías orientales y las alturas montañosas, el Creador se me mostraba infinito e indescriptible, glorioso y sublime. Sin embargo, también se sentía impersonal y lejano, aunque yo no me percataba de ello. Yo era un simple observador, un amante de la gloria de su creación, que escuchaba su voz oculta entre las múltiples tonalidades de los cantos de las aves y en el murmullo de los riachuelos que alisaban las rojizas piedras. Me sentía conectado con algo que estaba en el centro del universo y que generaba vida, pero que no estaba vivo en sí mismo, aunque tampoco de esto me percataba. Yo podía sentir el poder de esa energía cuando, atento a mi inhalación y a mi entrecejo, entonaba mi mejor versión del OM, el sagrado mantra de los Hindúes y Budistas. La paz del vacío me inundaba. Mi mente se despejaba con mi respiración lenta. Sin embargo, yo no sustituía ese vacío, o quizás lo hacía, solo que no me percataba.

Cada familia tiene sus principios, heredados de las costumbres y dinámicas familiares de cada progenitor. Son tácitos y mayormente imperceptibles, pero los portamos a pesar de que no están escritos en ninguna parte. Unos son muy buenos, otros distorsionados, y algunos dañinos, pero existen. La verdad debo confesar que, en mi niñez y adolescencia, esos invisibles principios que regían en mi familia no eran muy alentadores, oscilando entre la creencia de que "cada uno recibe lo que merece", pasando por "nada es gratis en esta vida" para llegar a un sigiloso pero firme: "soñar es para tontos." Crecí creyendo que solo el que se esfuerza y sacrifica eventualmente prospera, por lo que no era justo que alguien prosperara sin pagarlo con sudor y lágrimas. Esta creencia no me facilitó para nada el entender la Gracia de Dios porque para mí Él era esencialmente un juez solemne, de modo que nada era regalado, nada se conseguía gratuitamente. Si alguien prosperaba sin esfuerzo, yo imaginaba que había sido el fruto de alguna artimaña, el logro de su poca integridad. Sin embargo, este pensamiento comenzó a flexibilizarse tan pronto nacieron mis hijos. Descubrí que me gusta darles cosas buenas a ellos sin que necesariamente las merezcan. Que me gusta que se esfuercen, pero no hasta el punto de extremo de hacer grandes sacrificios y pasar por sufrimientos. Me es grato darles regalos ocasionales sin razón alguna, solo porque vi en una vidriera algo que pienso que les gustará.

Si, ser padre me ayudó grandemente a entender al Dios Padre que la Biblia describe y que antes era incomprensible para mí.

Dado que me encanta estar con mis hijos compartiendo tiempo juntos, no se me hizo difícil creer que a Dios también le gusta compartir con nosotros. Él realmente es un Dios personal, que creó a Adán y a Eva para disfrutar con ellos del jardín. Más adelante se hizo una carpa o tabernáculo para acompañar a su pueblo Israel. Cuando se encarnó como hombre, caminó de pueblo en pueblo, de aldea en aldea, para reunirse con la gente y, después de vencer al último enemigo: la muerte, se mudó a vivir en nosotros, si, en nosotros.

Así fue como poco a poco ese Dios incontenible de las montañas fue tomando forma no solo de Padre sino también de Hermano y eventualmente de Amigo, aunque seguía siendo el Rey y el Todopoderoso. Esto generó una transformación en mi forma de pensar y en mi manera de interactuar con Él, tal y como se describe en las Escrituras. He aprendido que el amor personal y fraternal de Dios supera toda filosofía humana y toda ciencia. Me empezó a hacer mucho más sentido el que alguien haya creado al universo, en vez de la posición evasiva de la cosmología oriental, que asume que siempre ha existido. Me comenzó a parecer más sensato creer que Aquel que nos creó, en vez de dejarnos a lo que contradictoriamente llamamos "la buena de Dios," nos haya dejado un Libro de enseñanzas para la vida y además haya venido en forma de hombre para modelarnos como vivirlo. Así, mientras comencé a descubrir por mí mismo la sobrenatural coherencia de todo lo que la Biblia contiene y prescribe, las fortalezas de mi incredulidad y las murallas de mis paradigmas empezaron a temblar, estremeciendo las bases de mis principios personales y abriendo grietas en mis creencias anteriores, las cuales luego se desplomarían estrepitosamente. Ya mis explicaciones personales no satisfacían mis preguntas. No era suficiente vaciar mi mente, tenía que poner algo que hiciera sentido en ella. Mi pensamiento racional, forjado por décadas de estudio y trabajo dentro del mundo de las finanzas, demandaba respuestas contundentes, comprobables, objetivas.

Esa curiosidad o quizás deba decir, esa necesidad, abrió la puerta para una nueva dimensión fundamentada no tan solo en la fe sino también en el sentido común. El creer por fe ya no se opondría más a mi pensar. Al contrario, el pensamiento se convirtió en mi mejor aliado para creer.

Aunque la Biblia es un compendio de escritos hechos durante un período histórico que abarca unos mil seiscientos años, a través de la pluma de al menos cuarenta escritores (con diferentes trasfondos culturales, educacionales, sociales, profesionales y lingüísticos), ella, con sus sesenta y seis libros según el canon protestante, es también una entidad completamente entretejida, integrada y congruente. Por ejemplo, cuando aprendí que la Ley fue escrita por Moisés, un hebreo criado (como parte de un plan) en la realeza egipcia, o que la mayoría de los Salmos fueron compuestos por un pastor de ovejas quien luego se convertiría en el legendario rey David. Cuando leo profecías que anticipan acontecimientos históricos trascendentales con siglos de antelación como las escritas por Isaías, Jeremías y Daniel. Mientras reviso los Proverbios del sabio Salomón, o la historia de Jesús y de la iglesia primitiva narrada con lujo de detalles por el médico Lucas. Al meditar en aquellas maravillosas proezas de pescadores como Pedro y Andrés levantando paralíticos y sanando enfermos, o en las apocalípticas visiones acerca del final de los tiempos reveladas al ya anciano Juan, el único apóstol que sobrevivió a los tormentos inimaginables que todos sufrieron, solo para escribir el último libro de lo que hoy llamamos la Biblia. Cuando combino todo eso y mucho más simplemente comienzo a creer, no como un acto de fe ciega sino como el resultado de un ejercicio intelectual; de análisis comparativos e históricos, y si, también de una buena dosis de sentido común.

Por ejemplo, Jesús y otros personajes del Nuevo Testamento, hacen múltiples referencias al Antiguo Testamento, demostrándonos no solamente que lo conocían bien, sino que creían en éste. Además, al leerlos, descubrimos que existe una maravillosa interconexión entre ambos textos. El Cristianismo está inequívocamente fundado sobre el Judaísmo. Si buscamos con una mente un poquito abierta, veremos a Jesús y a su obra redentora anunciada desde Génesis hasta Apocalipsis.[1] ¿Cómo pudo haberse escrito semejante compendio de escritos y cartas sino por una inteligencia muy superior a la nuestra, que además vive fuera del tiempo y que, contra todo pronóstico, es tan humilde como para relacionarse con su creación a través del amor e incluso de su dolor?

Cuando leo el Salmo veintidós (escrito mil años antes de Cristo) o el capítulo cincuenta y tres del libro de Isaías (escrito siete siglos antes de Cristo), encuentro textos que describen con lujo de detalles la crucifixión de Jesús muchísimo antes de que ésta ocurriera.[2] Si eso fuera poco, resulta que la crucifixión, la más tormentosa forma de morir tan claramente descrita en ese Salmo, fue inventada por los Asirios en el siglo VI antes de Cristo, y solo siglos después llegó a Roma, de modo que ambos escritores, inspirados por el Espíritu Santo, tuvieron una visión mesiánica desde una forma de muerte ¡que aún no existía! Por eso no puedo más que decir con el Salmista:

> "¡Cuán preciosos me son, oh Dios, tus pensamientos!
>
> ¡Cuán grande es la suma de ellos!"[3]

De modo que, a medida que fui conociendo al Dios de la Biblia, comencé a descubrir algo espectacular, inexplicable, sobrenatural. Ese Dios que sustenta al universo también es personal, y me conoce por mi nombre. El Creador que diseñó

---

[1]   Lucas 24:27; Juan 5:39

[2]   Por favor comparar, por ejemplo, Salmos 22 y Mateo 27

[3]   Salmos 139:17

al menos dos billones de galaxias, también diseñó mis genes, mi rostro y puso sueños dentro de mí. Ese Dios que descubrí en las montañas, glorioso e indescifrable, resultó ser también esencialmente relacional y amistoso. El Todopoderoso, el Altísimo, Aquel que es mayor que todo nombre que se nombra es también el Varón de dolores, experimentado en quebrantos. El León de Judá es además el Cordero de la Pascua. Él es juez, pero también es misericordioso. Lleno de gracia, pero también de verdad. Es siempre bueno, benigno y fiel. No hay maldad en Él, pero es además justo. El Soberano es humilde. El Guerrero entró en su gloria en un pequeño asno. Aquel que comanda a los Ejércitos Celestiales, lava los pies de sus apóstoles. El que es perfecto llevó sobre Sí las consecuencias de mis imperfecciones. El que es mayor que todos, vino para servirnos. Donde mis errores fueron abundantes, sobreabundó su gracia. Fue literalmente molido por mis fracasos, inmundicia y maldades. Llevó sobre Sí mismo mis maldiciones, enfermedades y pobreza, librándome para siempre. Ninguna religión puede hacer eso, ni te lo ofrece.

Si también tú estás en esta jornada, en una búsqueda procurando conocer y descubrir a tu Creador de una manera más personal, íntima, única; si las creencias religiosas o místicas no te satisfacen, o quizás te agradan un poco, pero te dejan sediento y sin respuestas, permíteme el honor de acompañarte en este Camino. Es un privilegio para mi presentarte **Íntimos**. Te ruego que sigas leyendo...

AGRADECIMIENTOS

Al Espíritu Santo quien con paciencia infinita me va enseñando su amor y su deseo inentendible para mí de que desea ser mi mejor Amigo...

A mi familia, la razón de todo.

A Laura Rodríguez, quien meticulosa y pacientemente ha revisado este manuscrito (y de otros de mis libros) para editarlo, chequear referencias, detectar errores y sugerir alternativas para hacer los textos más claros. Gracias querida amiga por tu dedicación a la obra.

PRIMERA PARTE

PROPÓSITO

Tú vida tiene un propósito que solo puedes lograr a través de Dios, y Él solo puede lograrlo a través de ti. No te lo pierdas, no te sueltes de su mano

¿QUIÉN ERES TÚ PARA DIOS?

Dios nos creó para compartir con nosotros, para que seamos sus amigos. Por eso puso a Adán y Eva en el Edén. Los diseñó para compartir con ellos, no para supervisarlos ni controlar su moral.

Fue Adán quién le puso nombre a cada una de las muchas especies de animales terrestres y a las aves,[4] de modo que podemos asumir que Dios y ellos gozaban de intimidad, conversaban con frecuencia y pasaban juntos buen tiempo. Esto también podría ser indicio de que Adán tenía una gran inteligencia, porque ¿cómo podría Dios compartir con el ser humano si este no tenía la capacidad de entenderlo? Me pregunto en qué idioma hablarían...[5]

De hecho, cuando Adán y Eva desobedecen y se esconden entre los árboles del huerto, Dios llama al hombre diciéndole: "¿Dónde estás tú?"[6] Esto sugiere que los visitaba con frecuencia. ¿Para qué? Pues para pasar tiempo juntos, quizás caminar y mostrarles alguna nueva área del jardín, o comerse con ellos unas ricas frutas mientras observaban a los monos saltar y a algunos

---

[4]   Génesis 2:20
[5]   Muchos eruditos y académicos consideran que el primer lenguaje fue el Hebreo y se basan en varios argumentos muy válidos, sin embargo, el estudio de este tema excede el propósito de este trabajo.
[6]   Génesis 3:9b

tucanes curiosear y volar... Lo que más me atrae del Edén es que allí no existía el miedo ni la vergüenza. De hecho, no había mandamientos. Tan solo una instrucción: "no comer del fruto de un único árbol." Cuando estás en armonía e intimidad con Dios, no necesitas prohibiciones, todo te es permitido, porque siempre vas a escoger lo que le agrada a Él.

Pero de algún modo, después de nuestra desobediencia y separación de la gloria de Dios y de esa perfecta comunión con Él, nos las ingeniamos para inventar las religiones,[7] y hasta hoy todas son (y seguirán siendo) debatidas, porque ninguna religión se aproximará jamás a una fracción de lo que significa tener una relación personal con el Único Dios viviente. ¿Crees que Adán, de habérsele ofrecido, habría escogido cualquier religión en vez de estar con Dios? No lo creo. Esto solo pudo ocurrir después de la caída.

Jesús afirma que Dios es Espíritu y por ende debemos adorarlo *"en espíritu y en verdad."*[8] La religión es tradición, rutina, costumbre externa, un conjunto de rituales. Muchos de estos ritos nos hacen sentir bien, lo sé por experiencia propia, pero ninguno de ellos te ayudará a conocer a Dios verdaderamente y, por ende, tampoco a adorarlo ni a tener una relación íntima con Él. Pero Dios, en su infinito amor por la humanidad, desde el principio de los tiempos ha deseado convivir con nosotros. De hecho, al liberar al pueblo de Israel de la esclavitud de Egipto, se mudó a un Tabernáculo, un "templo portátil", para manifestarse allí a los hombres y mujeres de su pueblo. Es como si el rey de una gran provincia se mudara a una carpa tan solo para estar más cerca de su gente, compartir más con ellos, poder convivir con su pueblo. ¿No es maravilloso?

---

[7]   Para un detalla más completo de cómo nace la religión, favor consultar mi libro "Despertando al espíritu."

[8]   Juan 4:24

Pero si esas muestras de afecto te parecieran poco, alrededor de unos mil quinientos años después de haber figurativamente caminado con Israel dentro de ese Tabernáculo, Dios decidió, como parte central de su plan de salvación de la humanidad, encarnarse como hombre en la tierra, cumpliendo la profecía de que el Mesías, el Salvador del Mundo, vendría a redimir a su pueblo. Pablo lo resume así:

> "[Jesús]... *el cual, siendo en forma de Dios, no estimó el ser igual a Dios como cosa a que aferrarse, sino que se despojó a sí mismo, tomando forma de siervo, hecho semejante a los hombres; y estando en la condición de hombre, se humilló a sí mismo, haciéndose obediente hasta la muerte, y muerte de cruz."*[9]

De este modo, el Creador de los Cielos y la Tierra, Aquel que vive en las alturas, decide encarnarse para una vez más caminar con la humanidad. Si bien Jesucristo, mientras habitó como hombre en este maravilloso planeta dedicó gran parte de sus tres años de ministerio a sanar enfermos, liberar a los oprimidos y a predicarles a todos anunciándoles la venida de su Reino, también podemos ver claramente que amaba estar con la gente. Convivía a diario con sus doce discípulos; lo seguían al menos unos setenta a quienes luego envió[10] más las mujeres que lo servían.[11] Además visitaba con frecuencia la casa de Marta, María y Lázaro,[12] en Betania. En una oportunidad, Él mismo se invitó y pasó la noche entera en la casa del corrupto Zaqueo y sus amigos.[13] Además, con frecuencia comía con los fariseos. Particularmente me llama la atención la forma en que Jesús,

---

[9]   Filipenses 2:6-8
[10]   Lucas 10:1
[11]   Lucas 8:1-3
[12]   Lucas 10:38-39
[13]   Lucas 19:5-10

después de resucitar, se manifestó a los discípulos según lo narra Juan. Después de semejante victoria y de exitosamente cumplir todas las profecías al punto de afirmar *"Consumado es"*,[14] uno esperaría un despliegue poderoso de su gloria, con luz radiante y miles de ángeles cantando, pero no. Jesús simplemente se les presentó a siete de sus apóstoles caminando a la orilla de la playa. ¡Si, solo eso! Allí estaban los compañeros de tres intensos años, seguramente muy decepcionados porque las cosas no resultaron como ellos las habían imaginado.[15] El inesperado desenlace de los acontecimientos (aunque fue muchas veces anunciado), los envió de regreso a echar sus redes, a su vida normal, a la rutina. Podemos con certeza imaginar que sus estados de ánimo estaban en el nivel más bajo de sus vidas y, por si eso fuera poco, no habían logrado pescar nada. Parecía que todo había sido un gigantesco fracaso...

Pero Jesús se les presenta al amanecer, de una manera en la que ellos no podían reconocerlo, y les preguntó si tenían algo para comer. Al responderle ellos que no, les dijo que echaran la red a la derecha. Ellos, asumiendo quizás que alguno de sus amigos pescadores le había informado de buena pesca allí, obedecieron y casi no podían sacar la red de la cantidad de peces capturados. En ese momento, Juan cae en cuenta de que tiene que ser Jesús, y se lo dice a Pedro quien, en su típica personalidad intempestiva no alcanza a esperar que el bote llegue a la orilla, sino que se lanza al agua. Me impacta lo que sucede entonces:

> *"Al descender a tierra, vieron brasas puestas, y un pez encima de ellas, y pan. Jesús les dijo: Traed de los peces que acabáis de pescar."*[16]

---

[14]   Juan 19:30

[15]   Marcos 16:10 nos hace saber que los discípulos en aquellos días estaban "tristes y llorando."

[16]   Juan 21:9-10

El Maestro no se presenta como un ángel ni llega flotando con destellos de fuego. Tampoco con voz altisonante ni música sacra. ¿Qué hace el mismísimo Creador de los Cielos y la Tierra después de haber vencido completa y eternamente a su propia carne, al mundo, a satanás y a la muerte? ¿Qué le provoca hacer después de haber alcanzado la más grande victoria en toda la historia de la humanidad? Bueno, la espectacular manera en la que Jesús, el Mesías, desea festejar ese momento maravilloso de gloria y triunfo es... compartiendo un sencillo desayuno con sus discípulos. Ni siquiera una cena con vino como en su última noche encerrado en un cuerpo humano. No. Lo celebra ¡con un desayuno! Comiéndose unos peces a la brasa con sus amigos en la arena de la playa al amanecer, para lo cual, además trajo alimentos para compartir. Lo que el Señor desea hacer es charlar con ellos, sentarse en la arena; hablarles, compartir, verlos alegrarse y animarse... Creo que a Jesús le gusta dar buenas noticias, motivar, restaurar la esperanza. Nuestro Señor es esencialmente relacional.

Pero Él no se queda allí. No se conforma con haber vivido treinta y tres años como hombre, para enseñarnos el plan del Padre y modelarnos una vida perfecta. Antes de ser crucificado, resucitar y ser glorificado, Jesús les había anunciado a sus seguidores que era mejor que Él partiera. ¿Por qué? Jesús mismo lo explica:

> *"Pero yo os digo la verdad. Os conviene que yo me vaya; porque si no me fuera, el Consolador no vendría a vosotros; más si me fuere, os lo enviaré."*[17]

Jesús está abriendo la puerta para una intimidad aún mayor entre Dios y nosotros. Está hablando del Espíritu Santo. La manifestación Divina en nosotros, en forma sobrenatural e invisible, pero completamente real. Dios nos vuelve a mostrar

---

[17] Juan 16:7

su tremendo deseo de convivencia ahora en la manera más cercana imaginable. Ya no en un templo portátil o Tabernáculo, tampoco en el cuerpo físico de Jesús el Mesías, sino en la forma de su Espíritu literalmente viviendo <u>en</u> sus seguidores:

> *"Respondió Jesús y le dijo: El que me ama, mi palabra guardará; y mi Padre le amará, y <u>vendremos a él, y haremos morada con él.</u>"*[18] (Subrayado mío)

> *"Si me amáis, guardad mis mandamientos. Y yo rogaré al Padre, y os dará otro Consolador, <u>para que esté con vosotros</u> para siempre: el Espíritu de verdad, al cual el mundo no puede recibir, porque no le ve, ni le conoce; pero vosotros le conocéis, porque <u>mora con vosotros, y estará en vosotros.</u> No os dejaré huérfanos; vendré a vosotros."*[19] (Subrayado mío)

Nuestro Señor es esencialmente relacional

"Mora en vosotros." Es decir, vive en nosotros, ya no como un maravilloso compañero externo (Jesús), sino adentro. Ahora habita en nuestro espíritu. El Espíritu Santo es la parte de Dios que interactúa directamente con nosotros, la manifestación de Dios en nuestras vidas. Literalmente Dios se muda a nuestro ser cuando creemos en Jesucristo, como lo confirman claramente los siguientes versos:

---

[18] Juan 14:23
[19] Juan 14:15-18

"¿O ignoráis que vuestro cuerpo es templo del Espíritu Santo, el cual <u>está en vosotros</u>, el cual tenéis de Dios, y que no sois vuestros?[20]

"En esto conocemos que permanecemos en él, <u>y él en nosotros</u>, en que nos ha dado de su Espíritu."[21]

"Ya no os llamaré siervos, porque el siervo no sabe lo que hace su señor; pero <u>os he llamado amigos</u>, porque todas las cosas que oí de mi Padre, os las he dado a conocer."[22] (Subrayado mío)

¿No es increíble? Jesús quiere una amistad íntima con nosotros. Sin intermediarios. En la que podamos compartir tiempo y Él pueda impartirnos sus pensamientos. Y si todo eso fuese todavía poco para ti, este Espíritu Santo de Dios, una vez viviendo en ti, te enseña y recuerda las palabras de Jesús; te da testimonio para que creas más y te guía a toda la verdad:

"Mas el Consolador, el Espíritu Santo, a quien el Padre enviará en mi nombre, <u>él os enseñará todas las cosas, y os recordará todo lo que yo os he dicho.</u>"[23] (Subrayado mío)

"Pero cuando venga el Consolador, a quien yo os enviaré del Padre, el Espíritu de verdad, el cual procede del Padre, <u>él dará testimonio acerca de mí.</u>"[24]

---

[20] 1 Corintios 6:19

[21] 1 Juan 4:13

[22] Juan 15:15

[23] Juan 14:26

[24] Juan 15:26

*"Pero cuando venga el Espíritu de verdad, <u>él os
guiará a toda la verdad</u>; porque no hablará por su
propia cuenta, sino que hablará todo lo que oyere,
y <u>os hará saber las cosas que habrán de venir.</u>"*[25]
(Subrayado mío)

REPASO (léelo en voz alta):

1. Dios me creó para compartir con Él.
2. Luego que nos separamos, Él se "mudó" a un Tabernáculo, para compartir con su pueblo Israel.
3. Mil quinientos años después, proveyó el sacrificio para recuperarnos: Jesucristo, Emanuel.[26] En forma de Mesías "habitó entre nosotros."[27]
4. Luego de la resurrección, el Espíritu decidió mudarse al espíritu de cada uno de sus hijos, con el fin de que seamos su templo.[28]
5. Dios vive en mí.

---

[25] Juan 16:13

[26] Emanuel quiere decir: Dios con nosotros.

[27] Juan 1:14b

[28] 1 Corintios 6:19

Jesús quiere que tengas con Él, la misma relación íntima que Él tiene con el Padre y el Espíritu Santo

Jesús anhela profundamente alegrar tu corazón; ¿vas a permitírselo?

DIOS SE REVELA A NOSOTROS

En las páginas anteriores leímos sobre las diferentes maneras como históricamente Dios se ha ido acercando más y más a nosotros, buscando no que inventemos una religión, no el que procuremos una moral por sí misma, no el que desarrollemos una tradición ni una costumbre familiar para sentirnos buenos y dignos, sino promoviendo un acercamiento, una relación. Él quiere intimidad diaria con sus hijos. Comunión...

¿Sabías que Dios ha estado tratando de llamar tu atención para tener comunión contigo?

> *"Fiel es Dios, por el cual fuisteis llamados a la comunión con su Hijo Jesucristo nuestro Señor."*[29]
> (Subrayado mío)

Este verso de la pluma del Apóstol Pablo, por ejemplo, nos indica que es Dios quien nos llama para tener amistad con su Hijo Jesucristo. Imagina ser invitado a una gran fiesta en la residencia de alguien muy importante y poderoso, quizás un primer mandatario o un rey quién, en el momento de saludarte te diga: "Permíteme presentarte a mi hijo, me gustaría que se conociesen y fuesen buenos amigos." ¿Cómo te sentirías? Yo estaría muy

---

[29]   1 Corintios 1:9

honrado y halagado si alguien tan importante no solo deseara tener amistad conmigo sino también extenderla a su familia. Pues acá podemos ver cómo, de una manera similar, nuestro Dios Padre quiere que comulguemos con el Hijo, Jesucristo, para que lo conozcamos y tengamos comunión con Él, porque en Él está la vida: nuestro bien.

Ahora bien, quizás tú digas: "Bueno, eso es solo para los predicadores o evangelistas; para misioneros o personas que dedican sus vidas al servicio de Dios", pero no es así, sino que este regalo es para todos porque Jesús no hace excepción de personas.[30] Él mismo nos asegura que, cuando eres sinceramente atraído a Él, no te rechaza:

> "*Todo lo que el Padre me da, vendrá a mí; y al que a mí viene, no le echo fuera.*"[31] (Subrayado mío)

¿No es maravilloso? Y como a algunos nos cuesta creer en esta idea de que el Padre quiera que seamos amigos del Hijo, Jesús nos confirma que es el Padre quien nos atrae hacia Él, el Hijo:

> "*Ninguno puede venir a mí, si el Padre que me envió no le trajere...*"[32]

En pocas palabras, el Padre quiere que seas amigo del Hijo, y si te has acercado al Hijo es porque el Padre te trajo (atrajo) primeramente. De hecho, Jesús afirma que todo el que viene a Él, lo hace porque oyó al Padre y aprendió de Él, ¿no es increíble? Si tú eres un creyente o estás buscando a Jesús; si se ha despertado en ti una verdadera hambre espiritual y estás siendo atraído al Mesías, se debe a tres cosas: La primera, que el Padre te atrajo al

---

[30]   Deuteronomio 10:17; Hechos 10:34; Romanos 2:11; Gálatas 2:6; Efesios 6:9; Colosenses 3:25

[31]   Juan 6:37

[32]   Juan 6:44a

Hijo. La segunda, que oíste (escuchaste atentamente) al Padre, y la tercera, que estás aprendiendo de Él:

> *"Escrito está en los profetas: Y serán todos enseñados por Dios. Así que, <u>todo aquel que oyó al Padre, y aprendió de él, viene a mí.</u>"*[33] (Subrayado mío)

Podemos ver una y otra vez como Jesús insiste en revelarnos, quizás por nuestra falta de fe, que tenemos a un Dios personal. Él no es una energía, el centro del universo o una entidad impersonal. Nuestro Creador quiere tu amistad, mi amistad; quiere comunión individual y colectiva con nosotros. No solo quiere tu bien, también quiere caminar contigo cada paso de tu vida. Y eso lo vemos a lo largo de toda la Biblia, no solo de los Evangelios sino desde el Antiguo Testamento:

> *"Porque yo Jehová soy tu Dios, quien te sostiene de tu mano derecha, y te dice: No temas, yo te ayudo."*[34]

> *"Y Jehová va delante de ti; él estará contigo, no te dejará, ni te desamparará; no temas ni te intimides."*[35]

> *"Ahora, así dice Jehová, Creador tuyo, oh Jacob, y Formador tuyo, oh Israel: No temas, porque yo te redimí; te puse nombre, mío eres tú."*[36]

> *"No temas delante de ellos, porque contigo estoy para librarte, dice Jehová."*[37]

---

[33] Jesús en Juan 6:45
[34] Isaías 41:13
[35] Deuteronomio 31:8
[36] Isaías 43:1
[37] Jeremías 1:8

REPASO (léelo en voz alta):

1. Dios me formó, me diseñó, me imaginó. Soy una obra única.
2. El mismo Padre es quien me llama a tener comunión con su Hijo Jesucristo, ¡qué gran honor!
3. Dios quiere caminar conmigo.
4. Estoy atraído a Jesús porque Él me atrajo primero.

*Querido Jesús, después de todo
lo que has hecho por nosotros,
mereces que seamos felices...*

*¡Que la victoria que nos diste hace dos mil
años, sea notoria hoy en nuestras vidas!*

DISEÑADO POR TU CREADOR

Vivimos en un mundo enfermo donde las leyes de algunas naciones permiten quitarle la vida a un embrión humano y donde, a través de los medios de comunicación, somos diariamente testigos de atrocidades que ocurren en todo el planeta, no solo en zonas en guerra o en aquellas áreas del mapa afectadas por catástrofes naturales sino en hogares, escuelas y universidades. Pero aún en estos lugares donde todos esperamos estar seguros y donde además desarrollamos nuestras relaciones con familiares, amigos y compañeros, la presión por el desempeño, la comparación y la competencia están siempre a la puerta, como ese perrito pequeño que espera que abramos una rendija para entrar inmediatamente.

Para tratar de preservar nuestra autoestima en medio de estos ataques incesantes y protegernos de tanta presión, casi sin darnos cuenta comenzamos a evaluar nuestro desempeño comparándolo con el de otros en las diferentes áreas de nuestras vidas, ya sean nuestros éxitos o fracasos en el trabajo, los estudios o negocios, nuestra apariencia física o bien la popularidad alcanzada en las redes sociales donde participamos... ¿Cuál es el resultado? Nuestra estima sufre fuertes y reiterados impactos que

> *Nuestros deportes favoritos son: comparar y juzgar*

distorsionan y afectan considerablemente la manera en que nos vemos a nosotros mismos, haciéndonos vivir en una montaña rusa emocional, con toda su secuela de desequilibrios en nuestra autoconfianza y autoimagen, en nuestra paz interior y en la manera como vemos a otros, así como en la forma que creemos que ellos nos ven. Esto puede causar desajustes emocionales, espirituales, relacionales y, por ende, sociales, como por ejemplo la depresión, la ansiedad, el desaliento, miedo irracional, el deseo de apartarnos, autocompasión, bulimia, anorexia y, en los casos más extremos, deseos de morir y la consumación del suicidio. Todo esto ocurre porque nuestros deportes favoritos son comparar y juzgar. Pareciera que nuestra valía está determinada por la posición que nos asignamos los unos con respecto a los otros.

Ahora bien, lo que pasa es que tú y yo hemos sido atacados. Ferozmente. Tu corazón y el mío, tu auto imagen y la mía. Lo más preciado que tenemos, nuestras identidades, han sido sutil pero brutalmente agredidas, quizás desde el vientre de nuestras madres. Esto pudo ocurrir por el rechazo de nuestro padre o madre, por comentarios destructivos o negativos sobre ese embrión que, si bien no entendía el lenguaje, si percibía las emociones de mamá. Hoy tú y yo podemos pretender que nada ha pasado, que lo hemos superado todo, o quizás afirmar que, después de todo, lo importante es que "salimos adelante" (lo cual está muy bien), pero la verdad es que las heridas están allí. Permanecen. Ellas no cicatrizan solas porque el dolor no se borra con el tiempo. ¡El dolor se guarda, y muy adentro!

Hace poco conocí en un orfanato en Costa Rica a una jovencita de tan solo catorce años, la menor de veinte hermanos (si, veinte), que me comentó, con la vista perdida en el horizonte que, en varias oportunidades escuchó a sus padres hablar con familiares y referirse a ella como "condón roto," ya que no fue una bebé buscada, sino que fue "un accidente." ¿Imaginas como esto hirió y hiere aún hoy su alma? ¿Cómo debe dolerle creer que fue fruto de una mala casualidad, algo indeseado que ocurrió, aunque no debía haber ocurrido? ¡Qué herida tan profunda! Todos estamos expuestos a ataques constantes, a veces verbales y psicológicos, otras físicos y sexuales. El resultado de nuestra indefensión ante el abuso o la vejación, la humillación o degradación, o simplemente ante tanta competencia y comparación, es que ha afectado en diferentes niveles la confianza en nosotros mismos y en los demás, permeando nuestra alma y lesionando nuestra mirada, distorsionando la manera como nos vemos a nosotros mismos y al mundo, despojándonos de una parte esencial para cada ser humano: su identidad. Para muchos es difícil y doloroso vivir bajo su propia piel.

Debido a lo anterior, en medio de este panorama falso y distorsionado, nos hemos olvidado de verdades esenciales como por ejemplo de que Dios "ha puesto eternidad en nuestros corazones,"[38] que Jesús murió por nosotros, que somos su especial tesoro y muchas más. Esto nos ha hecho perder el norte. Hemos creído que nuestra vida es un accidente, una casualidad o, en el mejor de los casos, nos vemos y sentimos reducidos solo a una posibilidad. Por eso, en medio de este engaño de siglos, es necesario volver al origen, a quién realmente eres, a verte tal y como como tu Creador, tu Padre que te ama, tu Dios, te ve...

> *Pareciera que nuestra valía está determinada por la posición que nos asignamos unos con respecto a los otros*

---

[38] Eclesiastés 3:11

Padre, que mi vida diariamente manifieste que estoy hecho a Tu imagen y semejanza

"Como el Padre me ha amado, así también yo os he amado; permaneced en mi amor."

Juan 15:9

¿PARA QUÉ FUISTE CREADO SEGÚN LAS ESCRITURAS?

"...todos los llamados de mi nombre; para gloria mía los he creado, los formé y los hice."[39]

Veamos esto un poco más en detalle para tratar de entenderlo en toda su profundidad:

1. Dios te <u>creó</u> para su gloria:

    a. Tú naciste primeramente para glorificar, exaltar y levantar el nombre de Dios. Eres un ser espiritual que tiene un propósito trascendente guardado en su alma, como la semilla que contiene al árbol y aguarda debajo de la tierra el final del invierno.

    b. Recuerda que en el plan original fuimos hechos a su imagen y semejanza.[40] Estamos hechos para su gloria porque la reflejamos. De hecho, Pablo compara la gloria del sol que produce luz, y la gloria de la luna, que refleja esa luz.[41]

---

[39] Isaías 43:7

[40] Génesis 1:26

[41] 1 Corintios 15:41 *"Una es la gloria del sol, otra la gloria de la luna, y otra la gloria de las estrellas, pues una estrella es diferente de otra en gloria."*

2. Dios te <u>formó</u>: te dio forma. No solo a tu rostro y a la contextura de tu cuerpo. Dios formó tus órganos internos, tu alma, con tus pensamientos, sentimientos y voluntad. Lo esencial de tu personalidad proviene del Dios que te formó, y para formarte, como el gran Artista que es, tuvo que pensarte primero, imaginarte, diseñarte...

3. Dios te <u>hizo</u>: Dios proveyó la mejor materia prima para crearte empezando con el más rápido, fuerte y perseverante de los cerca de cuatrocientos millones de espermatozoides que compitieron contigo. Luego sopló aliento de vida sobre ti.[42]

"Así dice Jehová, Hacedor tuyo, y el que te formó desde el vientre, el cual te ayudará: No temas, siervo mío Jacob, y tú, Jesurún, a quien yo escogí."[43]

"Acuérdate de estas cosas, oh Jacob, e Israel, porque mi siervo eres. Yo te formé, siervo mío eres tú; Israel, no me olvides."[44]

REPASO (léelo en voz alta):

1. Dios me creó para su gloria.
2. Dios me pensó antes de formarme, me diseñó.
3. Tengo su aliento en mi ser.
4. Soy único y especial.

---

[42] Génesis 2:7

[43] Isaías 44:2

[44] Isaías 44:21

No hay absolutamente nada que puedas hacer para que Dios te ame más, ni nada que hagas lo hará amarte menos...

"Este pueblo he creado para mí; mis alabanzas publicará."
Isaías 43:21

JESÚS Y TÚ: LA SIMIENTE DE DIOS

En el libro de los Hechos Pedro, luego de curar a un cojo de nacimiento, hace una afirmación extraordinaria si consideramos que no les está hablando a los judíos sino a todo el pueblo que permanece atónito ante la sanidad recién ocurrida frente a sus ojos:

> *"Vosotros sois los hijos de los profetas, y del pacto que Dios hizo con nuestros padres, diciendo a Abraham: En tu simiente serán benditas todas las familias de la tierra."*[45]

Pero ¿a qué pacto se refiere el apóstol? Al que Dios le hizo a Abraham unos dieciocho siglos antes:

> *"En tu simiente serán benditas todas las naciones de la tierra, por cuanto obedeciste a mi voz."*[46]

Posteriormente Isaac, el hijo prometido a Abraham, recibiría la misma palabra:

---

[45] Hechos 3:25
[46] Génesis 22:18

"Multiplicaré tu descendencia como las estrellas del cielo, y daré a tu descendencia todas estas tierras; y todas las naciones de la tierra serán benditas en tu simiente..."[47]

Y para demostrar que Dios es generacional (porque las decisiones de los padres siempre afectan a sus descendientes), Él le confirmó su pacto al nieto de Abraham, Jacob, a quien luego llamaría Israel:

"Y el Dios omnipotente te bendiga, y te haga fructificar y te multiplique, hasta llegar a ser multitud de pueblos; y te dé la bendición de Abraham, y a tu descendencia contigo, para que heredes la tierra en que moras, que Dios dio a Abraham."[48]

La palabra que se traduce como simiente en estos textos proviene del hebreo *zéra* que también significa: descendencia, especie, estirpe, genealogía, linaje, posteridad, semen, sementera, semilla. De modo que la promesa dada a Abraham es que toda la humanidad ("toda nación de la tierra") será bendita a través de esa estirpe, por medio del linaje de Abraham; es decir que todos seremos bendecidos (dichosos, felices, bienaventurados) a través del pueblo judío. Pero si Abraham es el patriarca del pueblo judío, ¿desde cuándo la promesa de Dios a él se extiende a los llamados gentiles, es decir a los no judíos? Además, ¿cómo pueden esos gentiles ser hijos de los profetas y del pacto? Bueno, la respuesta tiene que ver más con "a través de quien" que con el "cómo" y el "cuándo": A través de Jesucristo:

---

[47]   Génesis 26:4

[48]   Génesis 28:3-4

"Cristo nos redimió de la maldición de la ley, hecho por nosotros maldición (porque está escrito: Maldito todo el que es colgado en un madero), <u>para que en Cristo Jesús la bendición de Abraham alcanzase a los gentiles,</u> a fin de que por la fe recibiésemos la promesa del Espíritu."[49] (Subrayado mío)

"Ahora bien, a Abraham fueron hechas las promesas, y a su simiente. No dice: Y a las simientes, como si hablase de muchos, sino como de uno: <u>Y a tu simiente, la cual es Cristo.</u>"[50]

(Subrayado mío)

La bendición que Dios le dio a Abraham ha alcanzado, a través de Jesucristo, a los gentiles (los no judíos) que creemos en su nombre. O como lo describe Pablo en el capítulo once de su carta a los Romanos: los olivos silvestres (gentiles) hemos sido injertados y hechos *"participantes de la raíz y de la rica savia del olivo"*[51] (el pueblo judío). A través del sacrificio en la Cruz del Calvario hemos sido hechos simientes de Abraham. Sin el judaísmo no podría haber existido el cristianismo, pero es en Cristo donde se completa el plan divino.

¿Cómo la promesa de Dios a Abraham se extiende a los llamados gentiles (no judíos)?

Ahora bien, si regresamos a Génesis veremos que la razón por la que Dios le anuncia a Abraham que las naciones de la tierra serían bendecidas a través de él es: *"por cuanto obedeciste a mi voz."*[52] Está refiriéndose a la obediencia de

---

[49] Gálatas 3:13-14

[50] Gálatas 3:16

[51] Romanos 11:17

[52] Génesis 22:18

Abraham cuando Jehová le pidió la vida de su propio hijo, Isaac, el fruto de la promesa, engendrado y nacido de manera sobrenatural. En un acto de incomprensible obediencia y fe inquebrantable, inexplicable, Abraham levantó su puñal para sacrificar a su hijo Isaac porque así Dios se lo había ordenado. En ese mismo instante, un ángel llamó a Abraham y le dijo que perdonara la vida del joven porque ya Dios había constatado que él cumpliría sus órdenes. Este acontecimiento es figura de lo que unos mil ochocientos años después haría el Dios Padre con Jesucristo, el Hijo, con la diferencia de que cuando Cristo encarnado vino a confirmar a la simiente, la mano no se detuvo. Jesús, el Cordero inmaculado y perfecto, fue sacrificado, ofrecido como víctima voluntaria para aplacar la ira de Dios y restaurar el puente que nos reconecta al Padre. Por eso mientras Jesús estuvo encarnado, nos reveló el más hermoso de los nombres de Dios: Padre, y más que Padre, Abba, que significa Papá, Papi. Ni Abraham, ni Moisés y ni siquiera David, el dulce cantor de Israel, conocieron ni usaron jamás ese nombre reservado únicamente para el Hijo y ahora, después del sacrificio de éste, para los que somos parte de su simiente, para los que le recibimos, ya que nos ha dado *"la potestad de ser hechos hijos de Dios"*[53] y ser guiados por su Santo Espíritu.[54] Dios no solo está más accesible que nunca antes sino que nos ha revelado muchísimo más de Sí Mismo.

Ahora bien, si la simiente de Abraham, luego en Cristo, viene a ser la simiente de Dios, ¿qué hay de los que no creen en Cristo? ¿De qué simiente son? Recordemos lo que Dios le dijo a la serpiente en el jardín de Edén, una vez que Eva y Adán erraron:

---

[53]   Juan 1:12

[54]   Romanos 8:14 *"Porque todos los que son guiados por el Espíritu de Dios, éstos son hijos de Dios."*

"Y pondré enemistad entre ti y la mujer, y entre tu simiente y la simiente suya; ésta te herirá en la cabeza, y tú le herirás en el calcañar."[55]

De acuerdo con las Escrituras, solo existen dos simientes. Ahora bien, en el verso anterior Dios le está hablando a satanás, pero sabemos que él no engendra hijos ni hijas humanos ya que es un ente espiritual, un ángel caído, entonces, ¿a qué se refiere cuando le dice "tu simiente"? Bueno, a aquella simiente que no es de Dios. Así como la simiente de Cristo la conforman sus seguidores, la simiente de satanás está conformada por los que lo siguen a él. Entiendo que esto parece una simplificación excesiva pero no hay un camino intermedio. Si no sigues a Dios, estás siguiendo, voluntaria o involuntariamente al diablo. Te ruego que sigas leyendo.

Por ejemplo, ¿podrían los fariseos, que eran una secta judía muy celosa de la Ley, pertenecer a la simiente del maligno (satanás)? Recordemos que estos hombres buscaban a Dios sinceramente, ayunaban dos veces por semana, daban sus diezmos y ofrendas, frecuentemente iban a orar al templo y la mayoría de ellos había memorizado la Torá, la ley de Moisés que hoy día, en nuestra Biblia, ocupa 187 capítulos.[56] Además de eso, conocían bien el libro de los Salmos y todos los escritos de los Profetas. Sin embargo, Jesús les redarguye:

"Vosotros sois de vuestro padre el diablo, y los deseos de vuestro padre queréis hacer. Él ha sido homicida desde el principio, y no ha permanecido en la verdad, porque no hay verdad en él. Cuando

---

[55] Génesis 3:15

[56] Génesis tiene 50 capítulos, Éxodo 40, Levítico 27, Números 36 y Deuteronomio 34

habla mentira, de suyo habla; porque es mentiroso,
y padre de mentira."[57]

Un momento... ¿hijos del diablo? ¿No es eso un poco exagerado? Bueno no es un déspota soldado romano el que los increpa ni tampoco un samaritano ofendido el que les habla. Es Jesús quien los confronta, y Él es siempre veraz y objetivo. Además, no tenemos registro de que les haya dicho luego: "Perdónenme que los ofendí muchachos. Sé que me propasé, lo que pasa es que estoy pasando por un momento difícil y de mucho estrés. Ustedes no son hijos del diablo." No. Jesús juzga recta y certeramente. De hecho, es el único que puede hacerlo porque conoce claramente nuestros pensamientos y sentimientos. Por eso la Biblia explica que Jesús *"...no tenía necesidad de que nadie le diese testimonio del hombre, pues él sabía lo que había en el hombre."*[58] Ahora la pregunta que me hago es, ¿cómo es posible que personas que sinceramente buscan a Dios sean literalmente hijos (seguidores, descendientes, simiente) del diablo? ¿Cómo puede existir una brecha tan grande entre lo que creemos ser y lo que realmente somos, entre lo que ellos creían ser (hijos de Abraham) y lo que eran (hijos del diablo)? Porque estaban engañados. Lo que sucedía es que sus paradigmas los llevaban a creer más en sus intereses que en las profecías. Aun viendo milagros inexplicables delante de sus ojos, en los que Jesús multiplicaba peces y panes y vaciaba tumbas, la verdad se les velaba; sus ojos permanecían cerrados. Por eso Jesús, luego del verso anterior, hace una de las afirmaciones que más me duele de toda la Biblia:

"Y a mí, porque digo la verdad, no me creéis."[59]

¿No es este un indicativo de por qué la humanidad está tan desviada e infeliz? ¿No es ésta una afirmación que expone y

---

[57] Juan 8:44
[58] Juan 2:25
[59] Juan 8:45

desnuda la raíz de tanta miseria humana? Le creemos fácilmente al mentiroso, al enemigo; aun los "religiosos profesionales" lo hacen. Los supuestos expertos en la Palabra son engañados y, en cambio a Jesús, a Aquel que es la Verdad, al único que no miente y que murió por amor y fidelidad a nosotros, a ese no le creemos. Estamos tan convencidos de nuestra pequeñez que no podemos aceptar su grandeza; tan aferrados solo a aquello que nuestra mente puede entender y concebir, que nuestra fe se desploma. La verdad sobre nosotros es tan grande comparada con lo que hemos oído sobre nosotros, que nos transamos por una vida inferior a la prometida al no poder creer en todo aquello que ya Dios nos ha dado. Esto me trae a memoria a aquellos que fueron vecinos de Jesús durante su infancia y adolescencia quienes, cuando lo vieron revelarse en poder como el Hijo de Dios, no le creyeron. Literalmente ¡no podían creerle! Con certeza habían escuchado de las múltiples e increíbles historias de los milagros y maravillas que Jesús había hecho; quizás hasta habían visto alguna de sus sanidades. Sin embargo, un único pensamiento en forma de pregunta prevalecía y cerraba toda otra posibilidad en sus mentes: *"¿No es éste el carpintero, hijo de María, hermano de Jacobo, de José, de Judas y de Simón? ¿No están también aquí con nosotros sus hermanas…?"*[60] El conocerlo como hombre les impedía ver la Divinidad en Él, sin importar cuantos prodigios, sanidades y señales sobrenaturales hubiese llevado a cabo. Lo mismo hicieron los fariseos. Después de dedicar sus vidas a estudiar los tiempos y la manera cómo vendría el Mesías, no solo no lo reconocieron cuando lo tuvieron al frente y se cumplieron en Él muchísimas profecías, además lo crucificaron… De hecho, la precisa forma de muerte que le infligieron estaba anunciada en los Profetas y en varios Salmos, pero ellos estaban enceguecidos.

---

[60] Marcos 6:3a

Es allí, en ese mismísimo punto, en la frontera entre creerle o no, donde se dividen las dos simientes, la de Dios y la de satanás. Jesús lo explica con magistral simplicidad y claridad:

> *"De cierto, de cierto os digo: El que oye mi palabra, y cree al que me envió, tiene vida eterna; y no vendrá a condenación, mas ha pasado de muerte a vida."*[61]

La verdad sobre nosotros es tan grande comparada con lo que hemos oído sobre nosotros, que nos transamos por una vida inferior a la prometida al no poder creer en todo aquello que ya Dios nos ha dado.

Esa vida eterna proviene de la simiente de Dios, del que "oye su Palabra, y cree." Y del mismo texto podemos concluir además que, aquel que no oye su palabra ni cree en Él, no tiene esa vida eterna y sí vendrá a condenación, no habiendo pasado de la muerte a la vida. El apóstol Juan por su parte, también nos da detalles de la simiente de Cristo cuando determina que solo aquellos que reciben a Cristo, los que creen en su nombre, pueden ser hijos de Dios. Refiriéndose a Jesús nos dice que Él:

> *"A lo suyo vino, y los suyos no le recibieron. Mas a todos los que le recibieron, <u>a los que creen en su nombre, les dio potestad de ser hechos hijos de Dios</u>; los cuales no son <u>engendrados</u> de sangre, ni de voluntad de carne, ni de voluntad de varón, sino <u>de Dios</u>."*[62] (Subrayado mío)

---

[61] Juan 5:24
[62] Juan 1:11-13

Cuando aceptamos a Cristo en nuestros corazones (no a una religión ni a alguna otra tradición inventada por los hombres) y reconocemos el sacrificio que Él hizo por nosotros al tomar nuestro lugar en la Cruz; cuando nos arrepentimos de la forma en la que hemos guiado nuestras vidas y le pedimos a Jesús que nos guíe para vivir según su plan, entonces se produce una especie de cirugía espiritual. Volvemos a nacer, no de nuestra madre y padre terrenales, sino de Dios y a través de su Palabra. Es un nacimiento espiritual, una adopción, y en ese preciso momento somos injertados y pasamos de tener la simiente del mundo a tener la simiente de Dios.

> *"...siendo renacidos, no de simiente corruptible, sino de incorruptible, por la palabra de Dios que vive y permanece para siempre."*[63]

Por fuera nada ha cambiado, pero según las Escrituras en ese momento somos salvos, rescatados; todos nuestros pecados son completamente borrados y nuestros nombres son escritos en el Libro de la Vida. Si por alguna razón morimos tan solo unos segundos después, tendremos la vida eterna que Dios nos regaló en la cruz. **Esa es la salvación.** Un acto de perdón sobrenatural y de pura gracia, el cual vemos reflejado de manera clara en las Escrituras, cuando uno de los criminales crucificados con Jesús se arrepiente sinceramente de sus muchísimos errores y el Maestro le responde: *"De cierto te digo que hoy estarás conmigo en el paraíso."*[64] Veamos el diálogo completo entre ambos malhechores y Jesús, mientras cada uno sufría el dolor de su crucifixión:

---

[63] 1 Pedro 1:23
[64] Lucas 23:43b

"Y uno de los malhechores que estaban colgados le injuriaba, diciendo: Si tú eres el Cristo, sálvate a ti mismo y a nosotros.

Respondiendo el otro, le reprendió, diciendo: ¿Ni aun temes tú a Dios, estando en la misma condenación?

Nosotros, a la verdad, justamente padecemos, porque recibimos lo que merecieron nuestros hechos; mas éste ningún mal hizo.

Y dijo a Jesús: Acuérdate de mí cuando vengas en tu reino.

Entonces Jesús le dijo: De cierto te digo que hoy estarás conmigo en el paraíso."[65] (Subrayado mío)

Vemos representadas acá las dos únicas opciones que tenemos al final del día. La primera es rechazar a Jesús, la Vida, ya sea atacándolo (como este otro reo que se llamaba Gestas, de acuerdo con fuentes no bíblicas) o simplemente negarlo, ignorándolo. La segunda alternativa es recibirlo con arrepentimiento genuino. De algún modo, Dimas (el delincuente arrepentido), supo que Jesús era inocente pues salió en su defensa redarguyendo al otro ladrón, reconociendo sus pecados y afirmando del Señor que: *"éste ningún mal hizo."* Eso cambió drásticamente su futuro eterno en el último instante.

Permítame hacer una corta pausa aquí. De vez en cuando personas sinceras me preguntan: "¿cómo un Dios de amor, que nos creó, que nos conoce y murió por nosotros, va a enviarnos al infierno? Si es nuestro Padre, ¿cómo nos va a arrojar a un lugar

---

[65] Lucas 23:39-43

de castigo interminable?" Entiendo muy bien la duda detrás de esta pregunta y la confusión que genera, pero la respuesta es simple: Dios no envía a nadie a las tinieblas. Somos nosotros quienes escogemos ir allí al rechazarlo a Él. Jesús es la puerta y nosotros le damos la espalda. Él enciende una luz y nosotros nos marchamos hacia la oscuridad. Él nos ofrece perdón y nosotros escogemos el orgullo. Él nos ofrece su guía y nosotros escogemos vivir a nuestra manera. Yo me pregunto algo: si una joven desprecia el anillo que le ofrece un enamorado que no solo es culto, alegre, bien parecido y adinerado, sino que además está dispuesto a morir por ella y más que eso, a vivir para ella, y que también la sigue tierna y pacientemente por décadas esperando que ella cambie de opinión, pero ella no lo hace, ¿puede culparlo si se queda para siempre soltera? O si ella elije en cambio casarse con un patán egoísta que la maltrata física y psicológicamente, que la humilla y manipula, que le quita su dinero y bienes, y le es infiel, ¿tendría sentido que ella renegara en su lecho de muerte culpando al primero y afirmando que él la abandonó, que la desprotegió, que no la defendió o no la amó? ¿Es el primer hombre responsable de lo que le ocurrió a ella o culpable de algo más allá de amarla con toda su alma? Por supuesto que no. Ella tuvo su elección y escogió de acuerdo con su libre albedrío y, como tal, es responsable de las consecuencias de sus decisiones. Este mismo principio aplica para el Cielo y el infierno. Dios nos insta de todo corazón a escoger la vida, el bien y la bendición hasta el punto de dar la vida de su propio hijo para reconectarnos con nuestro Padre. No lo culpes si orgullosamente alguien se decide por la muerte, el mal y la maldición. Es su elección, y Él la respeta, aunque le duela mucho. ¿Por qué habría de forzarte a entrar adonde tú no lo deseas? Obligarte a entrar en el Cielo sería una violación a tu libertad, un acto de injusticia con aquellos quienes sí le recibieron, y además una violación de su propia Palabra, haciéndose mentiroso. ¿Por qué razón Dios te forzaría a hacer lo que no quieres? Si tú, después de tantas amonestaciones, decides rechazarlo, ¿por qué te obligaría Dios a escogerlo? ¿Por qué quebrantaría la libertad que te dio? A veces actuamos infantilmente y queremos culpar a otros por nuestros errores, pero con Dios no funciona así. No puedes culparlo a Él por tus elecciones erradas, cuando has sido advertido en múltiples oportunidades y decidido no oír. El verso más conocido de la Biblia dice que "*...de tal manera amó Dios al mundo, que ha dado a su Hijo unigénito, para que todo aquel que en él cree, no se pierda, mas tenga vida eterna.*"[66] Si Dios sacrificó a su Hijo para que se salve "todo aquel que en Él cree," ¿cómo podría también salvar a aquellos que no creen en Él? ¿Sacrificó entonces Dios a su Hijo en vano? ¿Era innecesario que Jesús muriera y el Padre lo llevó de todas maneras a la muerte? ¿Mintió Dios? Si puedes entrar al Cielo sin Jesús, entonces el Padre lo sacrificó en vano. ¿Tiene eso sentido? ¿Va a ser entonces el cielo un lugar de creyentes y no creyentes juntos? ¿Los que aceptaron y sirvieron a Jesús, y que han anhelado de todo corazón estar con Él junto con aquellos que lo negaron y lo rechazaron? ¿Tiene algún fundamento pensar así? Por supuesto que no. Sería una gran injusticia y Dios es justo. Algunos confunden el amor de Dios con alcahuetería y piensan que al final de sus vidas, van a causarle lástima o compasión, y recibirán el acceso que nunca valoraron, una suerte de "viveza criolla" pero escrito está que Dios no puede ser burlado.[67]

La conversión, por otro lado, es el proceso transformacional que comienza inmediatamente con la salvación. Es la renovación que opera en nosotros con la guía y poder del Espíritu Santo, quien nos comienza a moldear. Es un proceso que durará toda la vida, con cambios ocasionalmente trascendentes, pero mayormente con pequeños detalles diarios. Nuestro lenguaje comienza a cambiar al igual que aquello donde enfocamos nuestros ojos. La manera como miramos a nuestro cónyuge, pareja, hijos,

---

[66] Juan 3:16

[67] Gálatas 6:7 "*No os engañéis; Dios no puede ser burlado: pues todo lo que el hombre sembrare, eso también segará.*"

padres y hasta amigos, se modifica. Empezamos a perder interés en cosas que hasta hace poco nos importaban sobremanera, y comenzamos a involucrarnos en asuntos que antes nos parecían completamente irrelevantes. Por eso se llama conversión, porque nos convertimos en un nuevo ser, una *"nueva criatura."*[68]

Si puedes entrar al Cielo sin Jesús, entonces
el Padre lo sacrificó en vano.

Pablo menciona claramente que Jesús vino para que las personas se conviertan de la potestad de las tinieblas (en la cual todos nacemos) a la luz,[69] y Juan lo complementa diciendo que:

> *"Todo aquel que es nacido de Dios, no practica el*
> *pecado, porque la simiente de Dios permanece en*
> *él; y no puede pecar, porque es nacido de Dios."*[70]

Observa como repite que el que tiene esa simiente es "nacido de Dios." Por eso afirmamos que solo a través de Jesucristo somos hechos hijos de Dios. Y ¿cuál es una de las consecuencias de ese nuevo nacimiento? Que la persona "no practica el pecado." No dice que un hijo de Dios no peca, sino que no lo practica, lo cual es diferente. Cuando estudiaba bachillerato pertenecía al equipo de baloncesto y lo jugaba en cada receso y en cada momento libre. Realmente lo practicaba, lo disfrutaba y me sentía gozoso y orgulloso de hacerlo. Hoy juego solo cuando la oportunidad se presenta (no más de una o dos veces al año), de modo que, aunque es verdad que juego baloncesto, ciertamente

---

[68]   2 Corintios 5:17

[69]   Hechos 26:18 *"para que abras sus ojos, para que se conviertan de las tinieblas a la luz, y de la potestad de Satanás a Dios; para que reciban, por la fe que es en mí, perdón de pecados y herencia entre los santificados."*

[70]   1 Juan 3:9

no es un deporte que practico. A eso se refiere Juan en el verso anterior. Ser salvos a través de Cristo no nos vuelve seres perfectos; sin embargo, al recibirlo sinceramente e invitarlo a morar en nuestro ser, comienza un proceso de renovación y transformación (conversión) en todas las áreas de nuestra vida, y una muy notoria entre estas es que Dios nos da la capacidad de batallar contra el pecado y rechazarlo.[71]

Pablo resume en solo tres versos todo el proceso:

> *"Porque <u>por gracia</u> sois salvos por medio de la fe; y esto no de vosotros, pues es <u>don de Dios</u>; no por obras, para que nadie se gloríe. Porque <u>somos hechura suya</u>, creados en Cristo Jesús <u>para buenas obras</u>, las cuales Dios preparó de antemano para que anduviésemos en ellas."*[72] (Subrayado mío)

Somos salvos por gracia, por medio de la fe. En otras palabras, lo que nos salva es nuestra fe en Jesucristo, no las buenas intenciones, las buenas acciones (obras) ni ningún logro, virtud o mérito. Nadie es digno de entrar al Cielo, no importa cuánto haga en términos de caridad, sacrificarse a sí mismo por otros, cuidar a la viuda o al huérfano, vivir en abstinencia, etc. Solo a través de Jesucristo podemos ser salvos y es un regalo de Él (un don de Dios) así que nadie debe jactarse o enorgullecerse porque todo esto proviene de Él.

Sin embargo, una vez que somos salvos y nuestros pecados son completamente borrados, Cristo viene a morar en nosotros. Su mismísimo Espíritu Santo nos convierte en su templo. Nos

---

[71]   En 1 Corintios 10:13 Pablo explica que: *"No os ha sobrevenido ninguna tentación que no sea humana; pero fiel es Dios, que no os dejará ser tentados más de lo que podéis resistir, sino que dará también juntamente con la tentación la salida, para que podáis soportar."*

[72]   Efesios 2:8-10

volvemos una nueva criatura (hechura suya) y entonces sucede lo inevitable: con el corazón lleno del Espíritu Santo y con el amor de Cristo, comenzamos a anhelar el hacer el bien o las "buenas obras." En resumen, la salvación no puede ser adquirida por nuestros méritos sino por los de Cristo. Es recibida de gracia, gratuitamente, por el infinito amor de Dios. Sin embargo, una vez que eres salvo y perdonado, el Espíritu Santo que mora en ti, comienza su obra y eso incluye que el deseo de ayudar a otros, de servirlos, de hacer el bien y no el mal ("creados según Dios para buenas obras").

Ese es el mensaje original. De hecho, ¿sabías que hace dos mil años ya se estaba hablando de tu salvación? Jesús, poco antes de ir a la cruz, luego de la última cena, ora por ti y por mí de la siguiente manera:

> *"Mas no ruego solamente por éstos, sino también por los que han de creer en mí por la palabra de ellos."*[73]

Vuelve a leerlo y luego otra vez, hasta que pase de tu intelecto a tu corazón y puedas creer, con todo tu ser, esta increíble verdad: Jesús, hace veinte siglos, ya oraba por ti y por mí, y por todos los que hemos creído en su Palabra a través de la transmisión de la Iglesia, así como los que la creerán alguna vez en el futuro. ¿No es fascinante? Bueno, hay más. Aún hoy, en el siglo XXI Jesús intercede delante del Padre, a diario, por ti y por mí.[74]

Luego nuestro Señor continúa con una petición maravillosa que espero te cause una alegría indescriptible, porque en ella

---

[73]   Juan 17:20

[74]   Romanos 8:34 *"¿Quién es el que condenará? Cristo es el que murió; más aún, el que también resucitó, el que además está a la diestra de Dios, el que también intercede por nosotros."* (Subrayado mío)

establece claramente que de la misma manera que el Padre y el Hijo tienen comunión, nosotros podemos tenerla con Él:

> *"La gloria que me diste, yo les he dado, para que sean uno, así como nosotros somos uno. <u>Yo en ellos, y tú en mí</u>, para que sean perfectos en unidad, para que el mundo conozca que tú me enviaste, y que los has amado a ellos como también a mí me has amado. Padre, aquellos que me has dado, <u>quiero que donde yo estoy, también ellos estén conmigo</u>, para que vean mi gloria que me has dado; porque me has amado desde antes de la fundación del mundo."[75] (Subrayado mío).*

El apóstol Pedro, por su parte, en su primera prédica luego de la partida del Señor, lleno del Espíritu Santo anticipa y reconfirma tu salvación y la mía:

> *"Porque para vosotros es la promesa, y <u>para vuestros hijos</u>, y para todos los que <u>están lejos</u>; para cuantos el Señor nuestro Dios <u>llamare</u>."[76] (Subrayado mío)*

Tú y yo estamos entre aquellos que estábamos lejos, si es que nos hemos acercado ahora a Él. Estábamos lejos, no solo en sentido geográfico sino además en sentido histórico, viviendo dos mil años después. Aun así, somos de sus llamados. Dios es real. Jesús es real. El Espíritu Santo es real. Darle gracias al "universo" en vez de a Dios (como muchos de mis amigos acostumbran) es como recibir una llamada de aliento de un buen amigo y, al colgar, darle las gracias al teléfono...

---

[75] Juan 17:22-24
[76] Hechos 2:39

Las buenas obras no son la causa de nuestra Salvación sino su consecuencia

---

REPASO (léelo en voz alta):

1. Existen solo dos simientes en el mundo: la de Jesucristo y la del diablo
2. Solo a través de Cristo puedo pasar de la potestad de las tinieblas a la luz; de la simiente del diablo a la de Dios
3. Jesús es quien me llama
4. Al aceptar el sacrificio que Jesús hizo en la Cruz por mí, me vuelvo hijo de Dios y coheredero con Cristo
5. Ninguna obra, por grande que sea, me hace digno de entrar al Cielo
6. Una vez salvo, el Espíritu Santo me inspira a hacer obras de bien

*Si puedes entrar al Cielo sin Jesús
el Padre lo sacrificó en vano*

**"Mirad cuál amor nos ha dado el
Padre, para que seamos llamados
hijos de Dios; por esto el mundo no nos
conoce, porque no le conoció a Él"**
1 Juan 3:1

LOS ENEMIGOS DE LA RENOVACIÓN

Entender que somos de esa simiente, que tenemos un propósito y una herencia; que fuimos diseñados primeramente en la mente de Dios y solo después de eso, creados a su imagen y hechos semejantes a Él, es muy difícil de asimilar, pero también es absolutamente esencial para lograr vivir la vida plena que Dios nos quiere dar. ¿Por qué considero que es difícil de asimilar? Porque la gran mayoría de nosotros no fuimos educados con estos principios, y en consecuencia hemos desarrollado paradigmas y modelos mentales, esquemas de pensamiento que se oponen parcial o totalmente a la verdad bíblica. ¿Por qué es esta comprensión esencial para vivir a plenitud? Porque solamente conociendo la verdad seremos libres.[77]

Pablo nos advierte claramente sobre esos esquemas mentales (argumentos, fortalezas, altiveces) que se oponen a la verdad de Dios en nuestras almas:

> *"Pues aunque andamos en la carne, no militamos según la carne; porque las armas de nuestra milicia no son carnales, sino poderosas en Dios para la* <u>*destrucción de fortalezas, derribando argumentos*</u> <u>*y toda altivez que se levanta contra el conocimiento*</u>

---

[77] Juan 8:32

de Dios, y llevando cautivo todo pensamiento a la obediencia a Cristo."[78] (Subrayado mío)

La palabra fortaleza (del griego "logismos") indica lógica, arrogancia en el punto de vista, intelectualidad. Igualmente, los "argumentos" y "altiveces" hacen referencia a formas de pensar jactanciosas, orgullosas, arrogantes. ¿Por qué? Porque se oponen o "levantan" contra el conocimiento de Dios. Son tinieblas tratando de prevalecer sobre la luz, pero *"las puertas del Hades* [lugar de los muertos sin Dios] *no prevalecerán contra la Luz."*[79] Analicemos esto un poco:

1. La mente de Dios es superior a la nuestra, pero no solo un poco sino muy superior (*"como son más altos los cielos que la tierra"*[80]).
2. El mundo espiritual es anterior y superior al natural. Dios se mueve más "arriba" de donde nosotros nos movemos. Dios creó los cielos y la tierra desde su Espíritu,[81] al cual nosotros podemos percibir e intuir, pero no ver, tocar ni definir.
3. Dios *"habita la eternidad"*,[82] lo cual significa que vive fuera del tiempo, en el pasado, el presente y el futuro a la vez, fuera de esta dimensión, y por lo tanto no es afectado por la incertidumbre de lo que vendrá porque ya Él está allí. Él creó el tiempo para nosotros.

---

[78] 2 Corintios 10:3-5

[79] Favor ver Salmos 21:11, Jeremías 5:22, Mateo 16:18

[80] Isaías 55:8-9 *"Porque mis pensamientos no son vuestros pensamientos, ni vuestros caminos mis caminos, dijo Jehová. Como son más altos los cielos que la tierra, así son mis caminos más altos que vuestros caminos, y mis pensamientos más que vuestros pensamientos."*

[81] Génesis 1:1-2

[82] Isaías 57:15

4. Todo está bajo su dominio: *"Todo lo sujetaste bajo sus pies."*[83] Dios tiene el control de tu situación y conoce perfectamente su buen desenlace.

La única manera de tener una vida plena es derribando esos argumentos y altiveces que nos hacen sentir y creer que vivimos separados de Dios. Personalmente he conocido gente que cree que su pobreza agrada a Dios, que Él envió las enfermedades que sufren ellos o sus familiares, y que además está siempre atento a sus errores para disciplinarlos severamente. Sinceros creyentes que cuando algo les sale mal, comienzan a evaluar por qué sucedió, y concluyen que quizás el negocio no se cerró porque no oraron esta mañana, o que la comida les cayó mal porque no le dieron gracias a Dios antes de empezar a comerla... Pero cuando Pablo habla de llevar los pensamientos a la obediencia a Cristo, no se refiere a esclavizarnos ni a que vivamos la vida "santa" que la religión ha pervertido tanto, y que consiste en una vida aburrida, sin aspiraciones, con poca higiene personal, con un trabajo muy simple, vistiendo andrajos y mendigando, ¡no! A lo que creo que se refiere es a entender a Dios a través de su Palabra, a conocerlo según Él se nos revela, tal y como es, y a que nuestra mente se renueve comprendiendo por la fe lo que le agrada y lo que le desagrada; lo que nos instruye hacer y lo que nos prohíbe; lo que le entristece y lo que le alegra. Cada día que nos sometemos a ese proceso, nuestra visión se expande un poco más, y nos permite ver nuestras circunstancias un poquito más cerca de su perspectiva. Empezamos a ver las situaciones y circunstancias un poco más parecidas a como Él las ve.

Salomón afirma: *"Porque cual es su pensamiento en su corazón, tal es él."*[84] Es decir, tal y cómo piensa el hombre en lo profundo, en su alma y corazón, en su centro, así es él. Su vida sigue

---

[83] Hebreos 2:8

[84] Proverbios 23:7b

sus pensamientos y tu vida sigue los tuyos. Lo que eres hoy es el resultado de tus creencias del pasado. Por eso debemos renovar nuestra mente[85] asemejándola a la de Cristo, llevando los pensamientos sumisos, sujetos, cautivos a la obediencia a Él, para aprender a ver las cosas como Él las ve; aprender a vernos como Él nos ve; aprender a amarnos como Él nos ama y aprender a amar a otros como Él los ama.

REPASO (léelo en voz alta):

1. Yo tengo la capacidad de observar mis pensamientos
2. Los pensamientos de Dios son mejores que los míos
3. Yo destruyo todo los argumentos y altiveces que se levantan en mi mente contra el conocimiento de Dios
4. Jesús, enséñame a pensar como Tú

---

[85] Romanos 12:2 *"No os conforméis a este siglo, sino transformaos por medio de la renovación de vuestro entendimiento, para que comprobéis cuál sea la buena voluntad de Dios, agradable y perfecta."*

"Porque ¿quién conoció la mente del Señor? ¿Quién le instruirá?

Mas nosotros tenemos la mente de Cristo."
Pablo en 1 Corintios 2:16

LOS ESQUEMAS MENTALES: ¿ÉXITO O FRACASO?

Creo que una buena manera de explicar cómo nuestros esquemas mentales y paradigmas pueden ser falsos, y como pueden impactar nuestro éxito o fracaso, es presentando brevemente tres creencias muy comunes, que probablemente todos hemos aceptado alguna vez:

PARADIGMA #1: MI CUERPO

Es común escuchar a la gente decir cosas como: "este es mi cuerpo y hago con él lo que me viene en gana" o tal vez: "lo que cada uno haga con su cuerpo es asunto suyo." Esta forma de pensar está tan arraigada que el solo hecho de sugerir una alternativa diferente, hace que la gente levante sus cejas y te pregunte "¿qué clase de cazador de brujas medieval eres?" Lo que sucede es que nuestra alma y nuestro espíritu han vivido en nuestro cuerpo desde que nacimos. Eso hace que crezcamos sintiendo que somos aquello que se ve de nosotros. Estamos acostumbrados a vivir en el mundo natural y visible porque es allí en donde más nos enfocamos. Esto se confirma fácilmente si calculamos el tiempo, esfuerzo y recursos que el promedio de las personas dedica a su aspecto externo, y lo comparamos con el tiempo, esfuerzo y recursos que el promedio de las personas dedica a su ser interior. Claramente lo visible atrae más que lo invisible, y el primero parece ser más real. Sin embargo, la Biblia nos enseña que: *"...las cosas que se ven son temporales, pero las que no se ven son eternas."*[86] Ese es el problema y el gran riesgo...

Nuestra alma y nuestro espíritu han vivido en nuestro cuerpo desde que nacimos. Eso hace que crezcamos sintiendo que somos aquello que se ve de nosotros.

Las Escrituras, por su parte, nos indican que la opinión de Dios en este aspecto es bastante diferente. Ya leímos al inicio de este trabajo que fuimos diseñados por Dios, pensados antes de ser formados y que no somos un producto de una línea de producción en serie. Somos únicos, sin excepción; y todos, también sin excepción, tenemos un propósito divino. Como si eso fuera poco, nos indican también que Dios "cuenta" nuestros días, de modo que Él sabe el día, la hora y el minuto cuándo tu cuerpo y el mío literalmente expirarán.[87]

Pero la Biblia no solo afirma que Dios nos creó, también explica que, al separarnos de Dios, al apartarnos de Él: *"fuimos comprados por precio"*[88] con el único fin de recuperarnos y restaurarnos. Ese precio no es ni más ni menos que toda la preciosa sangre del Cordero, de Jesús, el Mesías. Por eso podemos concluir a la luz de las Escrituras, que tú no te perteneces, simplemente porque no te creaste a ti mismo, ni te diseñaste. Ni siquiera escogiste el país en el que nacerías, tu etnicidad, el color de tus ojos ni a tu familia. Medita en esto: ¿cuál parte de lo que consideras

---

[86] 2 Corintos 4:18b

[87] Salmos 39:4-5 *"Hazme saber, Jehová, mi fin, Y cuánta sea la medida de mis días; Sepa yo cuán frágil soy. He aquí, diste a mis días término corto, Y mi edad es como nada delante de ti; Ciertamente es completa vanidad todo hombre que vive."* Favor también ver Salmos 90:12; Lucas 12:7

[88] 1 Corintios 6:20; 7:23

"tu cuerpo" te vas a llevar después de partir a la eternidad? Ninguna. La Biblia crudamente afirma que *del polvo vinimos y al polvo volveremos.*[89] Más aún, Pablo habla de un mundo invisible más real que el visible en su carta a la iglesia de Corinto:

> "*no mirando nosotros las cosas que se ven, sino las que no se ven; pues las cosas que se ven son temporales, pero las que no se ven son eternas.*"[90]

De modo que tenemos un espíritu eterno viviendo en un cuerpo perecedero que, como una ropa gastada, será desechada el día que terminemos nuestro peregrinar en este ámbito y planeta.

Pero por si eso fuera poco, cuando reconocemos nuestra necesidad de Cristo y sinceramente confesamos nuestros errores y nos arrepentimos de ellos, de nuestra arrogancia y del egoísmo al querer ser pequeños dioses, y le invitamos a venir a nuestra vida como nuestro único y suficiente Señor y Salvador, ocurre algo completamente sobrenatural: el Espíritu Santo se muda a cada uno de nosotros y nos convierte a cada uno en su templo humano viviente:

> *¿O ignoráis que vuestro cuerpo es templo del Espíritu Santo, el cual está en vosotros, el cual tenéis de Dios, y que no sois vuestros? Porque habéis sido comprados por precio; glorificad, pues, a Dios en vuestro cuerpo y en vuestro espíritu, los cuales son de Dios.*"[91] (Subrayado mío)

De modo que ambos, tu cuerpo y tu espíritu son de Dios

Paradigma: Mi cuerpo me pertenece

---

[89] Génesis 3:19; Eclesiastés 3:20

[90] 2 Corintios 4:18

[91] 1 Corintios 6:19-20

Realidad bíblica: **Tú no eres tuyo...**

PARADIGMA #2: <u>MI</u> DINERO

Otro paradigma muy común y fácil de caer en él es: "mi dinero es mío", "yo me lo gané trabajando duro" y que "cada quién haga con su dinero lo que le venga en ganas." Después de todo, ¿qué tiene de malo si me lo gané con el fruto de mi esfuerzo o astucia?

Empecemos por el principio: ¿Somos dueños o solamente mayordomos temporales? ¿Qué opinas? Pablo le escribe a su discípulo Timoteo una verdad tan simple y obvia que no requiere de teología alguna:

> *"porque nada hemos traído a este mundo, y sin duda nada podremos sacar."*[92]

No importa cuanta riqueza podamos adquirir o poseer durante nuestra vida en esta tierra, nada se va con nosotros, ni siquiera nuestra propia piel ni huesos, mucho menos nuestras monedas, cuentas por cobrar o "propiedades." En una oportunidad le preguntaron al contador de un hombre multimillonario que recién había fallecido, la pregunta que todos hacen cuando se muere una persona rica: "¿Y cuánto dejó?" La respuesta del contador resume perfectamente el punto que estoy tratando de explicar: "Lo dejó todo."

Dios, como Creador, es el único dueño de todo lo creado:

> *"En el principio creó Dios los cielos y la tierra."*[93]

---

[92] 1 Timoteo 6:7
[93] Génesis 1:1

"Porque así dijo Jehová, que creó los cielos; él es Dios, el que formó la tierra, el que la hizo y la compuso; no la creó en vano, para que fuese habitada la creó: Yo soy Jehová, y no hay otro."[94]

"De Jehová es la tierra y su plenitud; El mundo, y los que en él habitan."[95]

"Tuyos son los cielos, tuya también la tierra; El mundo y su plenitud, tú lo fundaste."[96]

"Mía es la plata, y mío es el oro, dice Jehová de los ejércitos."[97]

"...porque del Señor es la tierra y su plenitud."[98]

No hay nada de malo en que ganemos dinero trabajando o negociando honestamente. El problema es para qué lo usamos y para qué lo queremos. En la muy famosa parábola de los talentos,[99] el mismo Jesús narra claramente como a tres individuos se les dio diferentes cantidades de dinero "según su capacidad." A pesar de que la moneda o medida era llamada "talento," es una parábola netamente financiera. Un talento pesaba treinta y cuatro kilogramos de mineral precioso, según algunos estudiosos. Otros académicos estiman que equivalía al salario de todo un año de un jornalero (un año de salario mínimo en palabras de hoy). En todo caso, no era una cantidad despreciable de dinero y la parábola menciona que un hombre rico partió lejos y le dejó a un siervo cinco talentos, a otro dos, y al último

---

[94] Isaías 45:18

[95] Salmos 24:1

[96] Salmos 89:11

[97] Hageo 2:8

[98] 1 Corintios 10:26

[99] Mateo 25:14-30

solo uno (según su capacidad). Mucho tiempo después regresó y los llamó para arreglar cuentas con ellos. La historia, que bien vale la pena leerla y que se encuentra en el capítulo veinticinco del Evangelio según Mateo, culmina concluyendo que los que utilizaron sabiamente esos recursos y los multiplicaron, fueron reconocidos como "siervos buenos y fieles" y puestos en lugares de mayor autoridad por haber sido buenos mayordomos de lo que se les encargó. El tercero, quien recibió la menor cantidad (un talento), desafortunadamente se asustó y decidió esconderlo bajo la tierra, causándole pérdidas al dueño quien pudo al menos haber ganado los intereses,[100] si el mal mayordomo simplemente los hubiera depositado en el banco. Toda la parábola es una simple metáfora de la importancia de que seamos buenos mayordomos de lo que Dios ha puesto en nuestras manos. ¿Por qué? Por una simple razón: nada es nuestro.

Entender esto, no en teoría sino internalizándolo, y cambiar el paradigma de que somos dueños a que somos solamente mayordomos, nos da una gran libertad y nos ubica en la perspectiva correcta, librándonos de la codicia y de la envidia. Amontonar dinero para impresionar a otros revela una falta de carácter y de entendimiento de lo que hemos venido a hacer a este mundo, y nos ata de manos para usar lo que no nos pertenece en favor del Reino de Aquel a quien si le pertenece:

"Porque donde esté vuestro tesoro, allí estará también vuestro corazón."[101]

Todas tus riquezas y bienes pertenecen a Dios

Nada te llevarás contigo...

---

[100] Lucas 19:23 *"¿por qué, pues, no pusiste mi dinero en el banco, para que al volver yo, lo hubiera recibido con los intereses?"*

[101] Mateo 6:21; Lucas 12:34

Paradigma: Tu dinero te pertenece

Realidad bíblica: **el dinero que manejas no es tuyo**

El rey David, probablemente uno de los más exitosos y ricos personajes de la Biblia, entendía bien este principio. Por eso, al momento de anunciarle al pueblo que su hijo Salomón, ahora en el trono, sería quien lideraría la construcción del templo a Jehová, reconoció la fuente de su éxito, poder, fama y riquezas:

> *"Asimismo se alegró mucho el rey David, y bendijo a Jehová delante de toda la congregación; y dijo David: Bendito seas tú, oh Jehová, Dios de Israel nuestro padre, desde el siglo y hasta el siglo.*
>
> *Tuya es, oh Jehová, la magnificencia y el poder, la gloria, la victoria y el honor; <u>porque todas las cosas que están en los cielos y en la tierra son tuyas.</u> Tuyo, oh Jehová, <u>es el reino,</u> y tú eres excelso sobre todos.*
>
> <u>*Las riquezas y la gloria proceden de ti,*</u> *y tú dominas sobre todo; en tu mano está la fuerza y el poder, y en tu mano el hacer grande y el dar poder a todos."*[102] (Subrayado mío).

En los Salmos 16 y 73, sus escritores David y Asaf respectivamente, lo reiteran con absoluta claridad:

> *"Oh alma mía, dijiste a Jehová: Tú eres mi Señor; <u>No hay para mí bien fuera de ti.</u>"*[103] (Subrayado mío)

---

[102]   1 Crónicas 29:10-12
[103]   Salmos 16:2

"¿A quién tengo yo en los cielos sino a ti? Y fuera de ti nada deseo en la tierra."[104] (Subrayado mío)

PARADIGMA #3: MI FUTURO

Otro paradigma y el último del que quiero escribir acá (aunque tenemos muchos otros, pero no quiero aburrirte), es el que afirma que "cada quién define (o es el dueño de) su futuro y el artífice de su destino." A este grupo se suscriben no solo personas sino también familias, sociedades enteras y países. Por supuesto que es importante planificar y tomar buenas decisiones, sin embargo, el futuro no es algo que podamos controlar. El apóstol Santiago, el hermano del Señor Jesús, lo plantea así:

> *"¡!Vamos ahora! los que decís: Hoy y mañana iremos a tal ciudad, y estaremos allá un año, y traficaremos, y ganaremos; cuando no sabéis lo que será mañana. Porque ¿qué es vuestra vida? Ciertamente es neblina que se aparece por un poco de tiempo, y luego se desvanece. En lugar de lo cual deberíais decir: Si el Señor quiere, viviremos y haremos esto o aquello."*[105]

Hay ejecutivos brillantes del mundo corporativo que están dispuestos a sacrificarlo todo por el éxito profesional. Líderes talentosos y esforzados que se frustran porque no han logrado la promoción que tanto han esperado o porque su salario aún no alcanza los dígitos que ellos se propusieron tener a determinada edad. Algunos están francamente dispuestos a desacreditar, agredir o humillar a otros sin ningún remordimiento, con el único fin de lograr sus objetivos. Otros adulan y mienten con el fin de llamar la atención de ciertos superiores. Hoy en día

---

[104]   Salmos 73:25

[105]   Santiago 4:13-15

podemos ver en las noticias que son muchos los que traspasan los límites de la ética e integridad, por el imperativo final de lograr las metas que se han establecido o les han impuesto. El valor gobernante es: "el resultado debe ser alcanzado a toda costa; el fin justifica los medios." Para mi esa es la descripción del infierno. Por si fuera poco, muchos de ellos sacrifican sus matrimonios, sus familias y su paz, con el fin de ser "exitosos", aunque para algunos implique consumir tranquilizantes para dormir, estimulantes para levantarse, ansiolíticos para las presentaciones de negocios, así como consumir excesivas cantidades de alcohol, tabaco o drogas.

Sin embargo, en modo alguno esto se limita al mundo empresarial. Lo vemos en los matrimonios, en estudiantes, en el mundo deportivo y en el universo académico y político. Todos jugamos a ser pequeños dioses y queremos lograr nuestros objetivos, la mayoría de las veces sin conocer siquiera el propósito para el que fuimos creados. Por supuesto que es bueno planear y dirigir nuestros esfuerzos y recursos al logro de objetivos colectivos, y medir periódicamente nuestro desempeño contra las metas. Las estrategias son necesarias y el mismo Jesús nos enseñó que debemos planear nuestros proyectos para asegurarnos que podemos culminarlos:

> *"Porque ¿quién de vosotros, queriendo edificar una torre, no se sienta primero y calcula los gastos, a ver si tiene lo que necesita para acabarla? No sea que después que haya puesto el cimiento, y no pueda acabarla, todos los que lo vean comiencen a hacer burla de él, diciendo: Este hombre comenzó a edificar, y no pudo acabar.*

> *¿O qué rey, al marchar a la guerra contra otro rey, no se sienta primero y considera si puede hacer frente con diez mil al que viene contra él con veinte*

> *mil? Y si no puede, cuando el otro está todavía lejos, le envía una embajada y le pide condiciones de paz.*"[106]

No estoy abogando a favor de la improvisación ni de la famosa frase "como vaya viniendo vamos viendo." De hecho, el libro de Proverbios nos insta a imitar a las hormigas que ahorran en el verano para tener en el invierno (tiempos de escasez de hojas).[107] Presupuestar es estimar anticipadamente los recursos requeridos, en términos de personas, bienes, tiempo y dinero necesarios para un proyecto, según algunas premisas preliminares. El ponernos objetivos es parte esencial de la naturaleza humana y no hay nada de malo en ello. No estamos proponiendo vivir la vida sin sueños ni proyectos. Ahora bien, querer esculpir el destino, querer controlar lo que va a suceder, o procurar a toda costa dirigir nuestras vidas (y desesperarnos cuando no lo logramos o cuando otras personas o empresas nos superan), no es solo algo irreal e imposible (porque va más allá de nuestra capacidad y poder) sino que también es un paradigma muy nocivo. El corazón, esa parte de nuestra alma en la que tanto nos apoyamos y a la que tanto le creemos y confiamos es, según las Escrituras, engañoso y perverso.[108] Por eso no debemos confiar en él.

Ahora bien, el diccionario define perverso como 1: "Sumamente malo, que causa daño intencionalmente," y 2: "Que corrompe las costumbres o el orden y estado habitual de las cosas."[109] Claro que esto suena arcaico o al menos desproporcionado cuando el lema de esta generación es "sigue a tu corazón, haz lo que

---

[106] Lucas 14:28-32

[107] Proverbios 30:25

[108] Jeremías 17:9 *"Engañoso es el corazón más que todas las cosas, y perverso; ¿quién lo conocerá?"*

[109] Diccionario de la Real Academia Española, http://dle.rae.es/?id=SlU6LCH

sientas, déjate guiar por tus sentimientos, tú te lo mereces," pero justamente por eso estamos batiendo los registros históricos en número de divorcios, abortos, negocios que fracasan y estudiantes abandonando sus estudios. Pero veamos cual es la opinión de Dios respecto a nuestro futuro según se describe en las Escrituras:

> *"Conozco, oh Jehová, que el hombre no es señor de su camino, ni del hombre que camina es el ordenar sus pasos."*[110]

> *"El corazón del hombre piensa su camino; Mas Jehová endereza sus pasos."*[111]

> *"Enséñanos de tal modo a contar nuestros días, Que traigamos al corazón sabiduría."*[112]

Tu futuro le pertenece a Dios. Tú no controlas tu vida.

Paradigma: Tu controlas tu futuro

Realidad bíblica: Lo que llamas **tu futuro, no te pertenece.**

Veamos nuevamente estos tres paradigmas:

Lo que llamas tu cuerpo no es tuyo, pertenece a Dios...

Lo que llamas posesiones no son tuyas, pertenecen a Dios...

No controlas tu destino, lo controla Dios...

¡Auch..!

---

[110] Jeremías 10:23
[111] Proverbios 16:9
[112] Salmos 90:12

En el Evangelio según Lucas, Jesús nos narra una historia que resume muy bien lo insensato de los tres paradigmas: Mi cuerpo es mío, el dinero es mío y yo guío mi destino:

> *"... La heredad de un hombre rico había producido mucho. Y él pensaba dentro de sí, diciendo: ¿Qué haré, porque no tengo dónde guardar mis frutos? Y dijo: Esto haré: derribaré mis graneros, y los edificaré mayores, y allí guardaré todos mis frutos y mis bienes; y diré a mi alma: Alma, muchos bienes tienes guardados para muchos años; repósate, come, bebe, regocíjate. Pero Dios le dijo: Necio, esta noche vienen a pedirte tu alma; y lo que has provisto, ¿de quién será? Así es el que hace para sí tesoro, y no es rico para con Dios."*[113]

Este hombre rico, luego de un año de resultados mucho mayores a los esperados, de una exitosa carrera empresarial y de evaluar cuidadosamente todos los bienes e inventarios que había acumulado a lo largo de los años, decide retirarse. Desde la perspectiva del mundo sería considerado como alguien exitoso y un triunfador; una persona que "supo hacer las cosas". Sin embargo, desde la perspectiva del Maestro, es un necio. Se esforzó por muchos años, almacenó todo, no invirtió en tesoros celestiales, y esta noche termina su tiempo mientras aún piensa que es el dueño...:

1. De su cuerpo: "repósate, come, bebe, regocíjate."
2. De su dinero: "derribaré mis graneros, y los edificaré mayores, y allí guardaré todos mis frutos y mis bienes."
3. De su futuro: "Alma, muchos bienes tienes guardados para muchos años."

---

[113] Jesús en Lucas 12:16b-21

Simplemente estaba equivocado. Esa noche terminaría su vida y la pregunta que resuena en mi mente es la misma que Jesús nos hace hoy:

> "... ¿qué aprovechará al hombre si ganare todo el mundo, y perdiere su alma?"[114]

REPASO (léelo en voz alta):

1. Dios me creó y pagó un alto precio por mí
2. Dios me creó. Mi cuerpo no es mío, es de Él
3. Dios es mi proveedor. Mi dinero no es mío, es de Él
4. Dios ordena mis pasos. Mi futuro no es mío, es de Él

---

[114] Jesús en Marcos 8:36b

Ser bendito no es tener la bendición,
es tener a Aquel que te bendice...

"Porque ¿qué aprovechará al hombre
si ganare todo el mundo, y perdiere
su alma? ¿O qué recompensa dará
el hombre por su alma?"
Jesús en Mateo 8:36

SEGUNDA PARTE

OPOSICIÓN

*La oposición es una brújula que indica
hacia donde te estás moviendo*

¿POR QUÉ DIOS PERMITE TANTAS PRUEBAS EN LAS VIDAS DE LOS CREYENTES?

Pocas horas antes de partir, en la última cena, Jesús les habla a sus discípulos y ora al Padre, mientras hace una clara diferenciación de la humanidad en dos grandes grupos: los que lo siguen a Él (creyentes) y los que "están en el mundo" (no creyentes):

"Yo ruego por ellos; no ruego por el mundo, sino por los que me diste; porque tuyos son,

y todo lo mío es tuyo, y lo tuyo mío; y he sido glorificado en ellos.

Y ya no estoy en el mundo; mas éstos están en el mundo, y yo voy a ti. Padre santo, a los que me has dado, guárdalos en tu nombre, para que sean uno, así como nosotros.

Cuando estaba con ellos en el mundo, yo los guardaba en tu nombre; a los que me diste, yo los guardé, y ninguno de ellos se perdió, sino el hijo de perdición, para que la Escritura se cumpliese.

Pero ahora voy a ti; y hablo esto en el <u>mundo</u>, para que tengan mi gozo cumplido en sí mismos.

Yo les he dado tu palabra; y el <u>mundo</u> los aborreció, porque no son del <u>mundo</u>, como tampoco yo soy del <u>mundo</u>.

No ruego que los quites del <u>mundo</u>, sino que los guardes del mal.

No son del <u>mundo</u>, como tampoco yo soy del <u>mundo</u>.

Santifícalos en tu verdad; tu palabra es verdad.

Como tú me enviaste al <u>mundo</u>, así yo los he enviado al <u>mundo</u>."[115] (Subrayado mío)

La palabra traducida como "mundo" se repite 13 veces en los versos anteriores, proviene del griego "kósmos" y tiene dos connotaciones; una como sistema, orden, la manera cómo funciona el mundo en lo natural, y otra asociada con adorno, cosmética, belleza. Jesús está refiriéndose al sistema actual del mundo basado en lo natural, en la lógica, en la supuesta ciencia. Además, en otras partes del mismo Evangelio de Juan, Jesús llama a satanás el *"príncipe de este mundo"*,[116] de modo que podemos concluir que Jesús se está refiriendo a las cosas naturales, carnales, temporales. El mundo busca la paz en el dinero, el poder y los placeres de la carne. El mundo te enseña a vengarte de tus enemigos. El mundo divide a la humanidad en ganadores y perdedores. El mundo mide el éxito de una persona en función de sus logros materiales o de su fama. En una de sus cartas, Juan lo dice aún más claro:

---

[115] Juan 17:9-18
[116] Juan 12:31; 14:30; 16:11

> *"Porque todo lo que hay en el mundo, los deseos de
> la carne, los deseos de los ojos, y la vanagloria de
> la vida, no proviene del Padre, sino del mundo."*[117]

Vemos pues en los versos de Juan diecisiete como Jesús excluye a sus discípulos y seguidores de esa definición de mundo. Cuando nos enseña a orar: *"Venga Tu Reino..."* nos está indicando que Él nos invita a un gobierno que se opone al de este mundo. De hecho, tanto Juan el Bautista como Jesús iniciaron sus ministerios anunciando: *"Arrepentíos, porque el reino de los cielos se ha acercado."*[118] Arrepentirse significa cambiar de rumbo para dar en el blanco. En otras palabras, el mensaje se podría resumir en: "renuncia a este mundo material y temporal y entra al Reino espiritual y eterno." El paradigma cristiano es totalmente opuesto al del mundo, y por eso el creyente, al aceptar a Cristo como su único y suficiente salvador, automáticamente entra en batalla con el príncipe de este mundo y el orden que éste ha logrado instalar:

> *"¡Oh almas adúlteras! ¿No sabéis que la amistad
> del mundo es enemistad contra Dios? Cualquiera,
> pues, que quiera ser amigo del mundo, se constituye
> enemigo de Dios."*[119] (Subrayado mío)

Volviendo al texto, vemos que cuando Dios ora por sus apóstoles (discípulos), está rogando al Padre que los guarde del maligno porque están en el mundo, sin pertenecer a él. La razón por la que sufrimos los cristianos es porque, aunque vivimos en batalla y lo sabemos, estamos más interesados en nuestra tranquilidad. Queremos complacer a la vez a Dios y al mundo, con un pie en el cielo y el otro en la tierra; un ojo en "las cosas de arriba" pero el otro en la carne. Sin embargo, lo que le importa a Dios

---

[117]   1 Juan 2:16

[118]   Mateo 3:2; 4:17; 10:7

[119]   Santiago 4:4

es tu propósito y su cumplimiento, no tu comodidad. Muchos creyentes se consideran benditos cuando todo está bien, y atacados por el enemigo cuando algo comienza a fallar. Sin embargo, Santiago dice que tengamos *"por sumo gozo cuando nos hallemos en diversas pruebas."*[120] ¿Qué estoy tratando de decirte? Vivimos en un mundo en conflicto, en oposición; en una constante batalla entre el bien y el mal, y como en cualquier guerra, ocurren circunstancias dolorosas. Jesús mismo lo dijo claramente:

"Estas cosas os he hablado para que en mí tengáis paz. En el mundo tendréis aflicción; pero confiad, yo he vencido al mundo."[121]

El conflicto es parte de la vida cristiana. Si realmente te estás moviendo hacia Jesús, la oposición vendrá. En Él y solo en Él podemos tener paz, pero esa paz en ningún modo significa ausencia de conflicto. Todo lo contrario, se refiere a tener su paz en medio del conflicto, sabiendo en quien hemos confiado, comprendiendo que, aunque no entendemos lo que pasa, Dios tiene un plan y ese plan es bueno para nosotros.[122] El mismo Maestro está afirmando que tendremos aflicciones porque vivimos en este mundo. Sin embargo, Él ya ha vencido al mundo y nos ha compartido su victoria.

El conflicto es parte de la vida cristiana

---

[120] Santiago 1:2b

[121] Juan 16:33

[122] Jeremías 29:11 *"Porque yo sé los pensamientos que tengo acerca de vosotros, dice Jehová, pensamientos de paz, y no de mal, para daros el fin que esperáis."*

Ahora bien, quizás alguno esté pensando que esta palabra tan fuerte fue declarada solo para los apóstoles, o por lo menos que hoy en día está dirigida a pastores, misioneros y líderes cristianos que se dedican a tiempo completo a servir al Creador, pero como ya resaltamos anteriormente (aunque vale la pena repetirlo hasta que cale), en la misma oración de la última cena, Jesús continúa diciendo:

> *"Mas no ruego solamente por éstos, sino también por los que han de creer en mí por la palabra de ellos."*[123]

Si crees en Jesucristo, lo haces porque los apóstoles junto a la iglesia primitiva permanecieron unidos, a través del poder del Espíritu Santo. Por eso tú estás incluido en esta lista. Tú has creído en Jesús por la Palabra de los apóstoles y la de sus seguidores, y los seguidores de sus seguidores, por generaciones, desde hace dos mil años. ¿No te agrada saber que dos mil años atrás, cuando Jesús oró por sus discípulos, ya estaba clamando por ti, para que tú fueses apartado del mundo y protegido?

Lucas, el doctor en medicina quien además del Evangelio que lleva su nombre escribió el libro de los Hechos de los Apóstoles, narra como Pedro habla de este interés y amor de Jesús por nosotros, el cual es generacional y cósmico, más allá del tiempo y más allá de la geografía:

> *"Porque para vosotros es la promesa, y para vuestros hijos, y para todos los que están lejos; para cuantos el Señor nuestro Dios llamare."*[124]

---

[123] Juan 17:20
[124] Hechos 2:39

Interesante: *"...para cuantos el Señor nuestro Dios llamare."* Jesús es el que nos llama y además Él mismo nos declara en su Palabra cual es la diferencia entre creyente e incrédulo:

> *"Padre justo, el mundo no te ha conocido, pero yo te he conocido, y <u>éstos han conocido que tú me enviaste</u>."*[125] (Subrayado mío)

En la Biblia "conocer" significa saber de alguien de una manera íntima: *"Conoció Adán a su mujer Eva, la cual concibió y dio a luz a Caín..."*[126] Aunque es obvio que esta cita de Adán y Eva se refiere a conocerse sexualmente, los discípulos de Jesús anduvieron a diario con él durante tres años. Lo conocían bien. Tú y yo también tenemos acceso a su Gracia a través de la sangre de Cristo, pero esto no es un fenómeno religioso sino formado en lo íntimo: adoración, oración e intercesión, frecuente y constante...

Ahora sí, habiendo aclarado lo anterior, veamos un ejemplo específico de por qué Dios permite el sufrimiento en la vida de los creyentes:

> *"Dijo también el Señor: Simón, Simón, he aquí Satanás os ha pedido para zarandearos como a trigo;*
>
> *pero yo he rogado por ti, que tu fe no falte; y tú, una vez vuelto, confirma a tus hermanos.*
>
> *Él le dijo: Señor, dispuesto estoy a ir contigo no sólo a la cárcel, sino también a la muerte.*
>
> *Y él le dijo: Pedro, te digo que el gallo no cantará hoy antes que tú niegues tres veces que me conoces."*[127]

---

[125]   Juan 17:25
[126]   Génesis 4:1
[127]   Lucas 22:31-34

Desmenucemos esto paso a paso. Jesús le está anticipando a Pedro que va a confrontar una prueba muy fuerte en la que satanás está involucrado. Nuestro enemigo lo pidió para zarandearlo como al trigo, pero ¿cómo es eso posible y por qué lo aceptó? Yo hubiera esperado que Jesús se lo prohibiera. Le dijera algo como "no satanás, no puedes tocarlo porque es mío. Él es mi hijo y mi apóstol." Eso sonaría fabuloso, pero no fue así, sino que el Señor se lo permitió. ¿Será que Jesús no amaba tanto a Pedro como creemos? ¿O quizás no le importaba lo que le sucediera porque, después de todo, Pedro lo iba a negar tres veces? De ningún modo. Al contrario, porque lo amaba muchísimo y porque si le importaba (tanto como te ama a ti y debido a lo mucho que le importas), el Señor permitió que nuestro acusador, el mismísimo satanás tuviera un poder <u>limitado</u> y <u>temporal</u> sobre Pedro. Contrariamente a lo que muchos cristianos opinan, Dios puede usar a tus enemigos para formarte, fortalecerte, entrenarte, prepararte para el siguiente nivel. La piedra que busca que tropieces, se convierte en escalón.

Pedro tenía un propósito muy grande dentro del plan de Dios. Este pescador tenía grandes fortalezas: independiente, justiciero, valiente, bondadoso y obediente. Sin embargo, se confiaba tanto de su propia sabiduría que en una ocasión se atrevió a corregir a Jesús.[128] Su corazón justiciero le hizo llevar secretamente una espada en su alforja.[129] Aun cuando estaba espantado durante la transfiguración de Jesús, delante de la presencia glorificada de Moisés y Elías, no se mantuvo callado sino comenzó a proponer que construyeran unas enramadas para cada uno, aunque no tenía idea de lo que pasaba.[130] Cuando Jesús advirtió que sus discípulos lo abandonarían, todos callaron menos Pedro quien aseguró estar dispuesto no solo a ir a la

---

[128] Mateo 16:22-23

[129] Juan 18:10

[130] Marcos 9:2-6

cárcel por Jesús, sino *"también a la muerte."*[131] Pedro sufría de exceso de confianza en sí mismo, lo cual lo hacía impulsivo y no apto para su propósito, y parece que no había mejor remedio (o quizás debo decir entrenamiento) que un buen fracaso. Sé por experiencia propia que algunos fracasos son "educacionales." Por eso Jesús lo dejaría fallar estrepitosamente hasta el punto en que *"lloró amargamente."*[132] Solo así sería empoderado y fortalecido, y para ello Jesús usaría al mismo diablo. ¡Qué buen "sparring" nos asigna el Señor! A veces creemos que el enemigo nos está acosando y atacando, y resulta que es Jesús usándolo de forma controlada, para prepararnos para las nuevas etapas que vienen...

Es interesante que satanás lo pidiera para "zarandearlo como al trigo." Este cereal se sacude o zarandea ya sea arrojándolo en alto contra el viento (con un aventador) o usando caballos que lo pisoteen reiteradamente, con el fin específico de separar la paja del grano. En otras palabras, la sacudida para Simón Pedro sería fuerte, quizás arrojando su alma al aire o pisoteándola, pero el producto final sería que la paja, lo inútil, lo superficial, aquello que no era valioso para su propósito (exceso de confianza, orgullo), sería expulsado y quedaría solo el grano de trigo, puro y limpio. Entonces Pedro estaría mejor preparado para su misión. Por eso no lo llamó por su nombre de poder Pedro (de petros, piedra), sino por el nombre que le dio su padre, Simón (caña), y al repetirlo dos veces (Simón, Simón) nos indica que debemos poner atención porque es un hecho inevitable. Dios, en su misericordia infinita, se lo anticipa para que esté preparado y además añade algo que me parece hermoso y me llena de profunda paz: La palabra "pero..." Cada vez que Jesús dice "pero" significa que, a pesar de las circunstancias y retos, en medio o en contra de todo lo aparente e imposible, hay una salida: Él.

---

[131]   Lucas 22:33

[132]   Lucas 22:62

Por eso le dice: "Pero yo he rogado." Es decir, no temas, yo ya intervine. La situación está bajo control. Es solo un proceso, una prueba... y es temporal. Vas a salir airoso y fortalecido de ella. ¿No es maravilloso el Señor? Junto con la prueba le anticipa la salida. No le explica exactamente lo que va a ocurrir ni cómo saldrá de esa situación, pero le hace saber que lo tiene todo bajo control y que el trabajo de Pedro es simplemente confiar.

¿No es maravilloso el Señor?
Junto con la prueba le anticipa la salida.

Por eso la oración de Jesús es: "que tu fe no falte." No le dijo: he orado para que salgas airoso, para que tu moral se mantenga impecable o para que no sufras... Lo que le preocupa a Jesús es su fe, que no le falte, que no falle. De hecho, Dios sabía que Pedro fracasaría. Los cristianos siempre oramos por éxito. Vemos la superación de la prueba como la bendición, como la promesa cumplida. No pensamos que pueda existir éxito en el fracaso, sin embargo, acá lo que Jesús pide al Padre es que luego de fallar, Simón siga creyendo. Creo que lo podríamos resumir como "errar para acertar luego." Pedro va a fallar porque necesita más carácter para manejar el futuro que se le avecina, para cumplir con su particular propósito. No es un castigo, no es tampoco un revés, es un obstáculo que se convertirá en escalón. Juan el apóstol nos enseña que Dios quiere que prosperemos en todas las cosas *"según prospera nuestra alma."*[133] En otras palabras, hay logros y éxitos que no podremos alcanzar si nuestra alma no prospera primero, si no se prepara antes. En este caso, el "fracaso" de Pedro le ayuda a preparar (prosperar) su alma. Del mismo modo, cuando tú metes las patas y no lo logras, Jesús no te abandona ni te da la espalda. ¡Jamás! Él sigue apostando

---

[133] 3 Juan 1:2

a ti, esperando en ti, creyendo en ti, sabiendo que las caídas te enseñan a levantarte. Él no deja de amarte y, de hecho, usa tus fracasos para moldear tu carácter. Uno o muchos fracasos no significan que Dios se olvidó de ti. Él sigue fiel y atento a que lo dejes obrar y usar tus heridas, luego de cicatrizarlas, como testimonio para animar y fortalecer a otros que están heridos. ¿Sabes algo? Al contrario de lo que se enseña en muchas iglesias hoy en día, yo creo que el diablo no busca tu salud, tu dinero ni a tu familia. ¿Para qué procuraría satanás tu auto, tu esposo o tu casa? Él ataca por esas vías con un único fin: que niegues a Jesús. ¿Para qué querría enfermarte y que tu muerte se apresure? Para que culpes al Padre. ¿Para qué buscaría que tengas una quiebra económica y vivas desesperado financieramente? Para que tus ojos se aparten del Señor. ¿Por qué? Porque lo que el diablo quiere es tu fe. Si, tu fe. Él no está interesado en otra cosa sino en tu fe. Quiere que niegues a Jesús. Que te apartes del Camino y busques alivio en ciertas personas, objetos y otros ídolos. Su deseo es desalentarte a toda costa, robarte toda esperanza ¡pero no se la vas a entregar! ¿Por qué? Porque cuando un hijo de Dios se aparta, vencido, y deja de creer en la fidelidad de nuestro Dios, el enemigo se jacta de su obra contra el Señor. El libro de Revelaciones dice proféticamente que *"ha sido lanzado fuera el acusador de nuestros hermanos, el que los acusaba delante de nuestro Dios día y noche."*[134] Sin embargo ese día aún no llega y por eso lucifer aún nos acusa delante de nuestro Dios. Pero no le vamos a fallar al Padre; no vamos a ser instrumentos del enemigo para jactarse delante de Jesucristo. Pidámosle a diario al Padre fuerzas para seguir firmes. ¡Que falte cualquier cosa en nuestras vidas, pero no nuestra fe! Me encanta e impacta sobremanera como Jesús cierra su oración con la absoluta certeza de que su pedido ha sido oído y, por lo tanto, se cumplirá:

---

[134] Apocalipsis 12:10b

"pero yo he rogado por ti, que tu fe no falte; y tú,
una vez vuelto, confirma a tus hermanos."[135]

Por eso mencioné que era una prueba controlada y temporal.
Jesús le está diciendo algo como: "Tranquilo Simón, no va a
ser fácil, pero lo vas a superar. Y una vez que venzas y, como
consecuencia, estés fortalecido y mejor preparado para tu
propósito, entonces ve y afirma y guía a tus hermanos. Tu
restauración me servirá para restaurar a muchísimos otros
entre ellos." En la misma oración donde el Maestro le advierte
de la severa prueba, le informa que ya ha orado por él, cómo
lo ha hecho (porque no falte su fe), que superará el reto (y tú,
una vez vuelto) y le da el propósito por el que le permitirá a
satanás zarandearlo como al trigo (confirma a tus hermanos).
Pedro tendría un poderosísimo ministerio y Jesús lo necesitaba
perfectamente preparado y fortalecido.

Lo que el diablo quiere es tu fe. Si, tu fe. Él no está interesado
en otra cosa sino en tu fe. ¡Pero no se la vas a entregar!

En resumen, Dios puede permitir pruebas y tribulaciones en tu
vida, pero nunca lo hará para dañarte sino para promoverte. Él
no quiere que estés siempre cómodo y relajado en tu zona de
confort porque ahí te atrofiarás. Dios tiene grandes planes para
ti y antes de poder usar tus fortalezas debe limar tus asperezas
y formarte el carácter, y nada mejor para ello que un buen reto
(o un buen fracaso), para enderezar tus pasos y ponernos en
la perspectiva correcta, aunque implique una batalla contra el
diablo. Imagina por un momento, ¿qué hubiera sido de David
sin Goliat? ¿Adónde hubiera llegado José sin la traición de sus
hermanos y la vil mentira de la mujer de Potifar? ¿Hubiera estado

---

[135] Lucas 22:32

listo Moisés para liberar al pueblo de Israel de la esclavitud en Egipto sin pasar esos duros cuarenta años en el desierto? Después de ese tiempo ya no era el mismo príncipe orgulloso y violento, sino que *"...era muy manso, más que todos los hombres que había sobre la tierra."*[136] Solo entonces estaba listo para liderar la mayor rebelión de la historia. Y el caso más trascendente de todos: ¿Cómo hubiera Jesús ido a la cruz para salvarnos y darnos su vida abundante, sin un Judas que lo traicionara, lo vendiera, y lo enviara al juicio más injusto de la historia? Probablemente Judas contribuyó más al plan de Dios en Jesús que cualquiera otro de los apóstoles, así que, cuando un enemigo aceche tus contornos, y procure dañarte; cuando venga un ataque injusto con rumores falsos, no lo odies ni lo maldigas; está muy atento porque si Dios permite que se te acerque y pueda afectarte, es porque estás en medio de una prueba, y tú saldrás victorioso. Jesús ya ha "orado para que tu fe no falte" y, por lo tanto, no te faltará. Cuando superes la situación, con certeza estarás mejor preparado para tu propósito en Él. ¡Qué tu fe no falte!

Del mismo modo, cuando fracases en un plan, cuando las cosas no salgan como lo soñaste, observa, evalúa y aprende de tus errores. Quizás estás fracasando para triunfar. A lo mejor hay un área que debes fortalecer y esta situación simplemente hará prosperar tu alma para poder renovarte y recibir lo que Dios quiere darte, así que resiste, no tires la toalla, ¡qué tu fe no falte!

Dios puede permitir pruebas y tribulaciones en tu vida, pero nunca lo hará para dañarte sino para promoverte.

---

[136] Números 12:3

"Cuando pases por las aguas, yo estaré contigo; y si por los ríos, no te anegarán. Cuando pases por el fuego, no te quemarás, ni la llama arderá en ti." Isaías 43:2

Las Escrituras no prometen que no tendremos pruebas, pero si prometen que Dios estará con nosotros en medio de cada una de ellas

¿CÓMO TE VES TÚ Y CÓMO TE VE DIOS?

Volvamos por un momento al tema central presentado al inicio de este libro: la comparación. Recientemente esperaba para abordar un avión y me llamó mucho la atención la gran variedad de categorías disponibles que las líneas aéreas le asignan a los pasajeros. Una dama con voz gentil, después de darle la bienvenida a los miembros de las fuerzas armadas y a aquellas familias viajando con niños, invitaba a abordar a los miembros de primera clase y clase ejecutiva. Ningún problema con eso. Luego continuó con los socios del programa respectivo con nivel "dorado" y otros programas de viajero frecuente, hasta llegar al nivel de mínimo confort. Yo pagué por una silla con un espacio extra para las piernas, y al hacerlo en línea noté una amplia gama de asientos con diferentes precios y ventajas, incluyendo aquellos junto a salidas de emergencia. Otros pagan por acceso preferencial o para llevar equipajes de mano. No me malinterpretes por favor. Soy una persona de negocios y entiendo que la gente que puede y quiere, paga por la comodidad de subir primero, tener un mejor servicio, comida o bebidas, etc. Nada de malo con ello. Sin embargo, noté que algunas personas se apresuraban a entrar primero. Vi a un caballero discretamente empujar a otro pasajero que parecía estar cortando la fila, yo diría que defendiendo su "estatus" de viajero especial, e incluso una dama parecía muy molesta e impaciente cuando alguien de una categoría 'inferior' se le adelantó. Insisto, no veo nada particularmente pernicioso en ello. A veces es estresante subir a un avión por la cantidad de gente y espacio limitado, pero no pude dejar de pensar en lo que la Biblia llama el sistema de este mundo. Vivimos bajo un espíritu muy fuerte de comparación (no me refiero a los vuelos sino a nuestro día a día), donde nuestra naturaleza adámica y egoísta quiere siempre imponerse y ser la primera en todo. Ya dentro del avión, meditando en esto y en la vida de Jesús, entendí por qué Él no se considera a Sí mismo "de este mundo" sino que su vida frontalmente contrasta con este sistema.

Constantemente nos comparamos unos a otros y hemos desarrollado ciertos indicadores de desempeño tácitos, los cuales el mundo ha ido insertando en la sociedad, incorporándolos en nuestras culturas, al punto de que las adoptamos sin discernirlos ni evaluarlos. Simplemente pensamos que es así como funcionan las cosas y que no hay ninguna necesidad de cambiarlas. Entre estos principales comparadores tenemos:

1. lo que hacemos: títulos, logros profesionales, artísticos, deportivos o académicos,
2. lo que tenemos: ingresos, propiedades, apellidos, raza, y
3. lo que otros piensan de nosotros: popularidad, reputación, seguidores.

Estos tres grupos se pueden relacionar con lo que el apóstol Juan llama: *"...los deseos de la carne, los deseos de los ojos, y la vanagloria de la vida..."*[137]

Este sistema que las Escrituras se llama "mundo" y que es guiado por el maligno, se alimenta de tres cosas:

---

[137] 1 Juan 2:16

1. Los deseos de la carne: el orgullo, el egoísmo, la creencia de que el mundo gira alrededor de mí, y por ende, lo que importa es lo que hago: mis logros, mis éxitos y ocultar mis fracasos (desempeño).
2. Los deseos de los ojos: ambición, lujuria, envidia. La clave es lo que poseo (posesiones).
3. La vanagloria de la vida: admiración, aceptación de otros. La clave es quien dicen que soy (popularidad).

Si vamos por un momento al inicio de los tiempos, al libro de Génesis, vemos que lo que a Eva le atrajo del fruto prohibido fueron tres características bien peculiares que este tenía, diferente a todo otro fruto. Acá entendemos por qué satanás estaba tan interesado en que lo comiera:

> *"Y vio la mujer que el árbol era bueno para comer,*
> *y que era agradable a los ojos, y árbol codiciable*
> *para alcanzar la sabiduría..."*[138] (Subrayado mío)

- Bueno para comer: los deseos de la carne... (lo que hago)
- Agradable a los ojos: los deseos de los ojos... (lo que poseo)
- Codiciable para alcanzar sabiduría: la vanagloria de la vida... (mi fama)

¿Sabías que este esquema es satánico? ¿Por qué digo eso? Porque fueron exactamente estos tres comparadores los que el diablo usó cuando quiso tentar a Jesús en el desierto. Cuando Jesús tuvo hambre, el diablo le dijo que demostrara que es Dios convirtiendo una piedra en pan para comer (lo que hago, los deseos de la carne). Luego lo llevó a la cima de un monte alto y ofreció darle todo lo que desde allí se veía, los reinos de la tierra (lo que poseo, los deseos de los ojos), si Jesús lo adoraba. Por

---

[138] Génesis 3:6

último, lo subió al pináculo del templo y le dijo que se lanzara para mostrar al mundo como sus ángeles lo salvarían. Un acto que impresionaría a muchos, pero que no tenía propósito alguno excepto impresionar (mi fama, la vanagloria de la vida).[139]

Cada una de estas preguntas estaban teledirigidas a la identidad del Maestro. Y eso es exactamente lo que el enemigo busca. Lesionar tu identidad en Dios, en tu Creador; que olvides quién eres realmente y comiences a medirte tú mismo y ser medido por el mundo, a través de sus dimensiones. Si lo haces comenzarás a compararte con otros y caerás en su trampa, dedicando tu vida a demostrar a otros lo que puedes hacer, lo que posees y a buscar que todos piensen de ti, en vez de descansar en la paz de saber quién eres. Como siempre habrá alguien que ha logrado más, que posea más o que sea más famoso que tú, siempre estarás afanado sin lograr una verdadera realización. Cabe resaltar que, sin excepción, las tres respuestas (o quizás debería decir defensas) de Jesús a cada una de las tentaciones del enemigo fueron referirse a la Verdad, al plan original, a través de citar las Escrituras. Por eso Jesús incluye en sus respuestas la frase: "escrito está."[140] Gracias al poder de la verdad sobre la mentira, de la luz sobre la oscuridad, de lo eterno sobre lo pasajero, de lo trascendente sobre lo banal… el diablo se tuvo que apartar de él.

En resumen, este esquema mental basado en tus logros, en lo que posees o en lo que los demás piensan de ti, se opone frontalmente al pensamiento divino que se basa en el amor y el servicio, muchos más que en el desempeño, las riquezas o quienes seamos a los ojos de la gente. Por eso Dios murió por ti y por mi antes de que naciéramos, de modo que tengamos la mayor prueba de su inmenso amor, sin condiciones. Él no te ama por lo que logras, por lo que acumulas ni por tu fama. Él te

---

[139]   Favor leer Lucas 4:1-13 o Mateo 4:1-11
[140]   Favor leer Lucas 4:1-13 o Mateo 4:1-11

ama por lo que eres desde antes de que lo fueras, porque te había pensado. Tú eres su creación, su hija, su hijo. Dios te diseñó y te formó. Te imaginó. Eres su obra maestra y tienes un propósito que solo tú puedes cumplir a través de Él, y que Él solo lo puede alcanzar a través de ti. Si no cumples tu parte en el gran plan cósmico de Dios, nadie lo hará. Quedará un vacío. Recuerda lo que Dios nos dice a través del profeta:

> *"Porque mis pensamientos no son vuestros pensamientos, ni vuestros caminos mis caminos, dijo Jehová. Como son más altos los cielos que la tierra, así son mis caminos más altos que vuestros caminos, y mis pensamientos más que vuestros pensamientos."*[141]

Pienso que una de las áreas donde se manifiesta esa diferencia entre lo que Dios piensa y lo que pensamos nosotros, que es tan grande como la distancia de los cielos a la tierra, es en lo que pensamos de nosotros mismos. Dios me ve de una manera muy diferente a la manera en que yo me veo, tan distinta y distante como el cielo y la tierra:

- Yo me veo limitado por mi pasado, Él ve mi potencial futuro
- Yo me veo ignorado, Él me ve como parte integral de su plan
- Yo me veo como su siervo, Él me ve como su hijo
- Yo me siento indigno, Él ve la realeza que Jesús puso en mí
- Yo me siento incompetente, Él me ve capaz e idóneo
- Yo me siento solo, Él no se aparta de mí
- Yo lo llamo Mesías, Él me llama hermano

---

[141] Isaías 55:8-9

La pregunta es: ¿lo crees? Creo que, en el mejor de los casos, lo creemos tan solo parcialmente. Por eso tenemos que estudiar las Escrituras, para conocer la verdad y que nos haga libres. Urge entender como Dios nos ve a nosotros. Solo así entenderemos quienes somos y todo lo que podemos lograr en Él. Para muestra, mira por ejemplo como Jesús nos iguala a Él cuando resucitado, se le presenta a María de Magdala:

> "ve a _mis hermanos_, y diles: Subo a _mi_ Padre y a _vuestro_ Padre, a _mi_ Dios y a _vuestro_ Dios."[142]
> (Subrayado mío)

¿No es impresionante? Nos llama sus hermanos; dice que sube a su Padre quien es también nuestro Padre, su Dios que es también nuestro Dios. La verdad no es fácil creer en todo lo que Dios ha puesto en nosotros. Es más fácil creerle al enemigo y al mundo. Por eso Juan dice:

> "El que de arriba viene, es sobre todos; el que es de la tierra, es terrenal, y cosas terrenales habla; el que viene del cielo, es sobre todos. Y lo que vio y oyó, esto testifica; y _nadie recibe su testimonio._"[143]
> (Subrayado mío)

Así de simple. Nadie recibe el testimonio porque es demasiado grande y poderoso para creerlo.

"Si os he dicho cosas terrenales, y no creéis, ¿cómo creeréis si os dijere las celestiales?" Juan 3:12

GEDEÓN: ¿QUIÉN ERA VERSUS QUIEN CREÍA SER?

Eran tiempos difíciles en Israel. Una vez más habían desobedecido a Jehová, adorando y temiendo a dioses de tribus extranjeras y, debido a ello, hacían ya siete años desde que Dios había retirado su protección del pueblo. ¿La consecuencia? Ahora sus enemigos prevalecían. Cada año, cuando Israel sembraba, venían dos pueblos numerosísimos a comer de sus cosechas y ganados, y a destruir todo lo que quedara. Eran las temibles e idólatras tribus de los Madianitas (de la región de Madián) y los Amalecitas (de la región de Amalec, quien es figura de satanás en la Biblia). Esto ocurría al menos una vez al año y ya habían transcurrido siete desde que estas invasiones comenzaron. El pueblo finalmente se arrepintió, clamó a Dios con sinceridad de corazón, y una vez más el Dios misericordioso decidió intervenir a favor de Israel. Pero a su manera...

La situación era tan difícil que el pueblo vivía en cuevas, escondido, procurando proteger la poca comida que podía recolectar. Un joven de nombre Gedeón, el hijo menor de una de las familias más pobres de Manasés, también clamaba a Dios por la liberación de su gente y de su tierra. Y cuando Dios decidió intervenir lo hizo a través de él, de modo que Gedeón se convirtió en la respuesta a sus propias oraciones. ¿Alguna vez te ha pasado algo similar? Le pides a Dios que te ayude resolviendo algo y su respuesta es guiarte a resolverlo tú, o a través de ti. Le clamas que cambie tu relación con una persona y Él empieza a trabajar en ti para que cambies tú, y como consecuencia cambie la relación. Le ruegas que intervenga en tu circunstancia y su respuesta es hacerte intervenir a ti, actuar, obedecer. A veces la respuesta al pedirle que nos devuelva la salud viene con una prescripción de dieta y ejercicio. Clamamos que nos aparte de algo que nos asusta, y nos pone en una situación donde tenemos que afrontar ese temor, porque solo así podremos superarlo. Le rogamos por prosperidad económica, y nos percatamos de que necesitamos reducir drásticamente nuestros gastos y vivir de una manera más simple, porque solo así podremos salir primeramente de las deudas y poner nuestras finanzas en orden. A veces la respuesta del Cielo a nuestro clamor es un llamado a la acción. Me viene a la mente la famosa frase de Gandhi: "Se tú el cambio que quieres ver en el mundo." Con frecuencia le pedimos a Dios que haga algo mientras Él pacientemente espera que nosotros comencemos.

Algunas veces, Él solo demanda que inicies la acción como un acto de obediencia. Si lo haces, puedes tener la certeza de que te acompañará en cada paso del proceso, y de que saldrás fortalecido de la prueba.

Un día nuestro personaje Gedeón se encontraba en el lagar de su padre, desafortunadamente no pisando uvas para la vendimia sino sacudiendo el trigo para esconderlo de los madianitas y amalecitas. Y de repente, sin anunciarse, el Ángel de Jehová se le presentó con un saludo tan desconcertante como retador:

"Jehová está contigo, varón esforzado y valiente."[144]

---

[144] Jueces 6:12b

Otras versiones traducen el calificativo que el Ángel le dio como "valiente guerrero,"[145] "hombre fuerte y valiente"[146] y "hombre esforzado y valiente,"[147] entre otras. Pero Gedeón, en medio de la crisis que sufrían, asustado y frustrado por lo que sucedía en su mundo, y considerando el incontable ejército de la población enemiga, tenía una visión de sí mismo muy diferente a la que Dios le planteaba, por lo que respondió:

> "...Ah, señor mío, si Jehová está con nosotros, ¿por qué nos ha sobrevenido todo esto? ¿Y dónde están todas sus maravillas, que nuestros padres nos han contado, diciendo: ¿No nos sacó Jehová de Egipto? Y ahora Jehová nos ha desamparado, y nos ha entregado en mano de los madianitas."[148]

Su pregunta me parece totalmente lógica y justificada. Si Dios está con nosotros, ¿por qué no nos va bien? Si Dios es mi escudo protector, ¿por qué tengo esta enfermedad, esta crisis en mi matrimonio, esta escasez financiera o ese hijo descarriado? ¿Alguna vez has pensado que si estás en la "voluntad de Dios" todo debe marchar bien? ¿Qué si estás "bien" con Dios, entonces todo debe estar fluyendo y no debemos tener problemas ni oposición? Muchos creen que una vida bendecida es una vida sin dificultad y, si estás en "armonía" con Dios, entonces las cosas deben fluir sin esfuerzo, sin perseverar mucho, sin conflicto. Pero eso no es lo que nos revelan las Escrituras. Personajes como Noé, Abraham, Isaac, Jacob, José, Moisés, Josué, Caleb, David, Isaías y Jeremías, los apóstoles y muchos otros, tuvieron vidas extraordinarias, pero sin excepción, catapultadas por las grandes dificultades que confrontaron, esculpidas a través de la toma de grandes riesgos, y proyectadas a través de humillarse

[145] Jueces 6:12b versión Biblia de las Américas
[146] Jueces 6:12b versión Dios Habla Hoy
[147] Jueces 6:12b versión Reina Valera 1995
[148] Jueces 6:13

y obedecer cuando nada parecía hacer sentido. Vemos que el mismo Jesús, quien estuvo siempre en el centro de la perfecta voluntad del Padre, tuvo una gigantesca oposición, múltiples obstáculos, fuertes tentaciones satánicas y si, también mucho sufrimiento...

Pero volvamos a nuestro personaje, Gedeón. Su reacción natural es la incredulidad, pero ¿podemos culparlo? Él, su familia y todos sus vecinos y amigos han estado durante siete años viviendo escondidos en cuevas, ocultando los alimentos en grietas, esperando siempre lo peor; haciendo silencio cada vez que un ruido distinto les dispara los latidos de sus corazones. Vivir en Israel era vivir en paranoia, aunque dicha enfermedad aún no se conocía como tal.

Ahora por favor imagina por un instante que, después de caminar solo un par de cuadras, te sientas débil y casi sin darte cuenta, te desmayas del cansancio y cuando vuelves en ti, alguien se te acerca, te mira con admiración, te toma cariñosamente de la mano para ayudarte y te dice: "hombre fuerte y resistente, ¿cómo estás?" ¿Qué pensarías? Yo voltearía a los lados para ver a quien más le habla. O qué tal si estás en la quiebra, no solo con la tarjeta de crédito bloqueada, los deudores persiguiéndote y sin efectivo, sino que además te cortaron los servicios básicos de energía y agua en tu casa. No tienes que comer y solo una jarra plástica llena de agua hay en tu nevera (que no enfría porque no tienes electricidad y estás pensando en venderla). Sales al reseco jardín ya sin grama para llorar un poco y de repente te percatas de que alguien te está viendo y, cuando le miras a la cara, la vecina te saluda sonriente con las siguientes palabras: "¿Cómo estás mujer rica y próspera?" Claro que ambos ejemplos rayan en lo absurdo y los estoy inventando solo con fines de plantear mí punto; sin embargo, lo que Jesús le estaba declarando a Gedeón era una afirmación tan absolutamente opuesta a la manera como éste se sentía, la realidad que vivía y como se veía a sí mismo, como lo son estos ejemplos caricaturescos que menciono. ¿Significa eso que Jesús le mintió? Claro que no. Él es la Verdad,[149] no puede engañar. Entonces, ¿de qué se trataba esta afirmación? Si bien las palabras del Ángel chocaban frontalmente contra lo que Gedeón sentía, estas eran verdaderas. Que no podamos creer en algo no significa que sea falso. Sin embargo, es posible que estemos tan desviados de la verdad debido a nuestros paradigmas, debido a nuestra educación y cultura, a nuestras heridas y fracasos, y a nuestra distorsionada imagen propia, que la verdad de Dios nos parezca tan maravillosa como fantasiosa e ilusoria y, como tal, que no halle espacio en nosotros.[150] Nuestras experiencias pueden haber sido tan degradantes que la restauración, la libertad y la vida que Dios nos ofrece, nos pueden parecer un sueño infantil, una utopía. Pero ¿cuál es entonces la explicación? ¿Por qué la verdad de Dios es tan diferente a lo que piensa y cree Gedeón, y por qué le habla en esos términos si Gedeón no está preparado para digerirlo?

Si bien las palabras del Ángel chocaban frontalmente contra lo que Gedeón sentía, estas eran verdaderas.

Bueno, lo que pasa es que el Ángel de Jehová no se estaba dirigiendo a quien Gedeón se sentía ser en ese tiempo, ¡no! Él le estaba hablando al verdadero Gedeón, al modelo original a quien Él creó. Imagina por un instante que llegas a una ciudad que, durante los últimos años ha sido ocupada solo por jóvenes adolescentes, sin padres ni madres. Estos chicos han comenzado a comer comida chatarra y aún basura, han estado fumando y bebiendo diariamente y en grandes cantidades, y duermen de

---

[149] Juan 14:6

[150] "Sé que sois descendientes de Abraham; pero procuráis matarme, <u>porque mi palabra no halla cabida en vosotros</u>." Jesús hablándole a los fariseos en Juan 8:37. Subrayado mío.

día mientras vagan de noche, sin ninguna disciplina ni orden. No se bañan, no se ejercitan ni descansan bien. Tú llegas, te presentas, te familiarizas un poco con ellos y, ya con un poco más de confianza, los invitas a participar en un campeonato de balompié entre ellos mismos. Existe una buena probabilidad de que te digan: "¿Estás loco? No tenemos fuerzas para correr ni jugar, no soportamos el calor del sol, somos débiles y anémicos, etc...." Sin embargo, tú sabes qué si pueden porque, a pesar de lo que han vivido en los últimos años, entiendes que ellos tienen en su esencia el poder para ordenar sus vidas y ser restaurados. Conoces de lo que están hechos. Sabes que cada uno tiene lo necesario para estudiar y entrenar, aprender y fortalecerse, aunque ellos desconozcan el poder que tienen en ellos y, por ende, no te crean. ¿Qué puedes hacer tú con su miedo? ¿Cómo podrías sacarlo de esa zona de engaño, limitación e incapacidad? Quizás concuerdes conmigo que la mejor manera, si tienes la posibilidad, es ponerlos a prueba bajo condiciones que requieran desarrollar lo que creyeron perder... Solo así descubrirán que, a pesar de toda su apariencia, si son capaces de lograrlo.

Por eso vemos que el Ángel le habla a la esencia de Gedeón y no a quien éste, debido a los siete años consecutivos de miedo, opresión y guerra, cree ser. El Maestro veía claramente los destellos del modelo inicial, de lo que Él puso en su hijo, y sabía que un simple soplo de Él avivaría el fuego. Gracias a Jesús, tu pasado no determina tu futuro. No eres lo que pareces ser ni tampoco lo que te sientes ser. No eres lo que otros dicen que eres ni tampoco lo que ellos ven en ti porque, aunque muchos vean en ti grandes virtudes, dones y cosas buenas, nadie te ve cómo te ve Dios. Realmente eres mucho mejor que todas esas opiniones. Tú eres exactamente quien Dios dice que eres: su hijo amado, su especial tesoro, una obra única que Él diseñó desde el vientre de tu madre, creada por Él para su gloria. Solo Él es veraz, mucho más que tus amigos y las redes sociales donde participas. De hecho, ni siquiera tu propia familia es veraz, aunque te ame.

Tú fuiste creado por un Ser incomprensiblemente genial para un propósito maravilloso que Él te otorgó. Formas parte de un destino universal junto a millones de personas de diferentes épocas, geografías, etnicidades y educación; cada uno con su propia historia. Solo hay un tú. Tienes un propósito y eres parte de un plan magistral tan importante para Dios, que su Hijo Jesús tuvo que morir tormentosamente en una Cruz con el fin de que tú puedas cumplirlo.

Me pregunto, ¿en qué estará pensando Gedeón ahora? ¿Habrá comenzado a percatarse de lo que ocurría? ¿Empezaría a creer o al menos vislumbrar la posibilidad, como ese carbón que, rato después de haber cocinado con él parece estar apagado, pero de repente un suave viento lo hace refulgir en un pequeño punto, mostrando con una chispa que aún está encendido? Asimismo, creo que el alma de Gedeón se encendió en algún lugar con el soplo repentino de las palabras del Ángel. Creo esto porque por alguna razón le rogó que no se marchara, sino que lo esperara allí para traerle una ofrenda. Quizás Gedeón estaba empezando a creer y anhelaba una confirmación. Después de todo, ¿a quién le traería ofrenda un israelita sino a Jehová?

El Ángel asintió y Gedeón:

> "preparó un cabrito, y panes sin levadura de un efa[151] de harina; y puso la carne en un canastillo, y el caldo en una olla, y sacándolo se lo presentó debajo de aquella encina."[152]

¿Qué pasaría por la mente de nuestro hombre mientras él mismo iba a seleccionar el mejor cabrito, y él o uno de sus hombres lo sacrificaba, lo preparaba, le agregaba especies y lo cocinaba

---

[151] Medida antigua de capacidad usada para medir productos secos (áridos) que algunos estiman equivalente a 22 litros y otros a 37 litros.

[152] Jueces 6:19

junto con su caldo y panes sin levadura? Imagino que todo este proceso se llevó algunas horas y mientras tanto había una batalla en la mente de Gedeón: "¿Seré yo el escogido para liberar a Israel? ¿Será verdad que yo voy a ser el líder que tanto he soñado, pero que nunca

Tienes un propósito y eres parte de un Plan Magistral tan importante para Dios, que Su Hijo Jesús tuvo que morir tormentosamente en una Cruz con el fin de que tú puedas cumplirlo.

me he permitido creer? ¿Será posible que Dios libere a Israel por mi mano?" Y mientras este pensamiento se elevaba como un globo hacia el cielo, haciéndole quizás sonreír con esperanza, la realidad saltaba como una red con espinas y lo desinflaba: "¿Cómo voy a lograr vencerlos? ¿Con qué ejército? ¿Quién puede pelear contra tan grande multitud, decenas de miles? No estoy preparado, no es posible, son demasiados." Este diálogo (o quizás deba decir esta batalla) pudo extenderse por algunas horas y no sabemos quién iba ganando cuando finalmente le presentó su ofrenda al Ángel, quien pacientemente lo esperaba. Gedeón no estaba seguro de quien era y no conocemos bajo que aspecto se manifestó el Señor, pero asumo que, si Gedeón se tomó el tiempo de prepararlo todo, fue porque al menos una parte suya lo creía, aunque la otra tal vez lo dudara, y era ahora el momento de comprobar quien decía la verdad...

El Ángel, en vez de sentarse a disfrutar de la comida con su confuso pero gentil anfitrión, más bien le instruye que coloque los alimentos sobre una peña. Gedeón obedeció y el Señor extendió su báculo hacia estos hasta que la punta tocara la carne. En ese instante subió un fuego de la piedra que consumió completamente la ofrenda, y al mismo tiempo, el Ángel desapareció de su vista. Ahí es cuando Gedeón confirma lo que tanto intuía su espíritu: Si era el Ángel de Jehová quien estuvo con él, por lo que inmediatamente construyó un altar. Cada vez que tenemos una revelación genuina de Dios, todo nuestro ser desea exaltarlo. Esa es la razón por la que levantamos altares. Un altar es un lugar de adoración. Es la manifestación natural de algo que ocurrió en lo espiritual. Los altares nacen donde lo espiritual y lo físico se conectan. Donde hubo una revelación, allí, en ese mismo lugar (que no tiene que ser físico, sino que muy bien puede ser nuestro corazón), hay una conexión, un vínculo en el que el cielo y la tierra se unen. Gedeón, al construir el altar quiere dejar memoria, evidencia, de lo maravilloso que ocurrió allí.

Algo que me impacta es que, en ese momento de conexión con el Altísimo, durante ese tiempo adorándolo en el altar, lo llama "Jehová Shalom", que significa Dios de paz o Dios es paz. (Dios es demasiado amplio para ser entendido en todas sus manifestaciones simultáneamente, por eso se nos presenta de diferentes maneras según nuestras necesidades. Es lo que el apóstol Pedro llama la "multiforme gracia de Dios."[153]). Ahora bien, ¿terminó Dios con la guerra en ese momento como para que Gedeón llamara al altar Dios de paz? ¿Habían huido los enemigos de Israel? ¿Se había resuelto su problema? Por supuesto que no. La situación en lo natural no había cambiado en absoluto. La amenaza de este multitudinario enemigo con sus horrendas consecuencias para el pueblo permanecía intacta a los ojos de los hombres, pero Gedeón había tenido una revelación. Gedeón captó un destello de la mente de Dios. No entendía cómo, pero sabía que Dios haría algo grande y los liberaría. El Espíritu Santo le dio paz. La paz Shalom implica algo mucho más profundo que la tranquilidad o ausencia de peligro. Es la absoluta certeza de que todo está bien y bajo el control total del Altísimo. Él permanece en su trono.

---

[153] 1 Pedro 4:10

Ahora Gedeón cree. Imagino que estaba emocionado y esperando noticias. "¿Voy a tener un ejército de ángeles? ¿Seré yo el caudillo de mi pueblo? ¿Seré un comandante o dirigiré a una legión?" Ahora bien, aunque si era el hombre elegido tal y como Jesús se lo había indicado, todavía no estaba listo para semejante reto. Parece que primero tendría que derribar algunos paradigmas culturales y espirituales de su propia familia:

> *"Aconteció que la misma noche le dijo Jehová: Toma un toro del hato de tu padre, el segundo toro de siete años, y derriba el altar de Baal que tu padre tiene, y corta también la imagen de Asera que está junto a él; y edifica altar a Jehová tu Dios en la cumbre de este peñasco en lugar conveniente; y tomando el segundo toro, sacrifícalo en holocausto con la madera de la imagen de Asera que habrás cortado."*[154]

Resulta que el papá de Gedeón no adoraba a Jehová sino a Baal (un ídolo figura de satanás), y esa idolatría, de parte no solo de su padre sino de muchos en el pueblo, era la razón por la que Dios había apartado su mano de protección sobre toda la nación de Israel. En otras palabras, Gedeón tenía en su propia familia un ejemplo de la conducta que era la causa de los problemas de Israel, y los suyos. Y Jehová le ordena destruir esas creencias y sacrificarlas en un altar al verdadero Dios, antes de ir a pelear cualquier batalla. ¿No es interesante que Dios le mande a hacer guerra espiritual antes de ir a la guerra natural; a derribar las creencias erradas antes de enviarlo a pelear contra sus enemigos visibles? (Porque Dios sabe que, si tienes una creencia errada, aunque venzas en una o varias batallas, la situación regresará una y otra vez hasta que cambies la creencia que originó el conflicto. La transformación se origina en la raíz, no en las

---

[154] Jueces 6:25-26

ramas). Pero además Dios le pide a Gedeón que le construya un altar para Él, el único Dios verdadero, usando como combustible la madera de la otra imagen que su padre idolatraba, Asera, la diosa de la fecundidad también conocida como Astarté o Ishtar. Si bien la adoración a estos ídolos, Baal y Asera, como a cualquier otro era claramente opuesta a los mandamientos de la ley de Moisés, me llama poderosamente la atención el que Dios especifique que el animal a sacrificar sea el segundo toro y de una edad específica: siete años. Recuerda que llevan siete años bajo la opresión de este poderoso enemigo, de modo que ese toro nació el año que los madianitas y amalecitas empezaron a humillar a Israel, y a robar y destruir sus cosechas y ganado. Nota que el verso cuatro indica que el enemigo no dejaba con vida a ninguna oveja, buey o incluso ¡asnos! Pero, si destruían hasta los asnos, ¿por qué ese toro estaba vivo? ¿cómo había sobrevivido por siete años?

Yo creo que este pasaje nos puede enseñar algo muy específico y útil. Si eres un creyente, sabes que no puedes ser idólatra. Si crees en el único Dios verdadero, no adoras imágenes porque el primer mandamiento lo prohíbe. Esa es la parte fácil. Pero probablemente haya otros ídolos más ocultos en tu familia, en tu oficina, en tu habitación. ¡Imagínate lo que este toro representaba para sus dueños! Un animal que ha sobrevivido siete años mientras todo otro animal de granja había sido consumido o destruido. Es posible (y esto es solo mi hipótesis), que este toro, el cual Dios demandaba que fuera también sacrificado, pudo haber sido un símbolo de fuerza, de permanencia o simplemente un amuleto de buena suerte para Gedeón y su familia. La razón de esta posibilidad es que la instrucción del Ángel es clara en cuanto a que se escoja el toro que ha vivido siete años (justamente los años que han sido víctimas de estos enemigos), para ser sacrificado.

Además, al parecer ya había sacrificado a otro toro de siete años antes, ya que a éste se le llama: el segundo. Al igual que muchos creyentes hoy en día, los padres y quizás los familiares de Gedeón tenían una fe mixta. De esos que dicen "no creo en brujas, pero de que vuelan, vuelan." Por eso, aunque ya se había sacrificado un primer toro de siete años, todavía quedaban resquicios de idolatría en la mente de Gedeón, y Jehová necesitaba erradicar eso antes de ponerlo a dirigir la batalla. Dios demanda el 100% de nuestro corazón; el 99% no es suficiente porque entonces el 1% restante se vuelve idolatría. Como puedes ver, hay un paralelismo entre la batalla espiritual y la natural, y en el medio las creencias de la mente. ¿Qué altares e ídolos quiere Dios derribar de tu alma para que seas victorioso en todas tus batallas?

Dios te creó especial y te ve de una manera muy diferente a la que tú y los demás te ven. Tú te ves débil y Él te ve fuerte; tú te ves incapaz y Él te ve apto y competente; tú te vez cobarde y Él te sabe valiente; te sientes sin rumbo y Él te tiene preparado un gran propósito. Donde tú te sientes inseguro, Él está confiado. Dios conoce tu esencia, Él sabe bien lo que hizo cuando te formó. Ahora bien, ¿que causa esa deformación, esa distorsión entre ambas realidades: la tuya y la de Dios? ¿Por qué nuestra autoimagen es tan radicalmente inferior a lo que somos según Dios? ¿Qué es eso que nos incapacita a vernos como realmente somos? En el caso de Gedeón vemos que el Ángel le anticipa lo que él hará por Israel, sin embargo, antes de enviarlo a la batalla, le ordena destruir varios ídolos. ¿Es posible que sean algunos ídolos los que distorsionan tu autoimagen y, por ende, tu autoestima? ¿Será esa la razón por la que Dios le ordena destruirlos, para poder ir a la batalla con una mentalidad diferente, basada en quien es el verdadero Gedeón y quién es Gedeón para Dios? Por otro lado, ¿cabría la posibilidad de que le hayas entregado a algunos paradigmas falsos, la escala con la que mides tu valor, la sagrada potestad de ser quién eres?

Además de los ídolos materiales que conocemos como estatuas, pirámides, efigies, amuletos, reliquias, etc., existe toda una gama de deidades un poco más etéreas, subliminales, intangibles como, por ejemplo: el dinero, el trabajo o la carrera profesional, el cónyuge, los hijos, el estatus social, el entretenimiento, nuestra imagen, el ego, las posesiones, etc. Cómo ya hemos mencionado anteriormente: "los deseos de los ojos, los deseos de la carne y la vanagloria de la vida." Bueno, no me suena descabellado que, si pienso que lo que importa en el mundo es el poder, y no lo tengo, mi autoestima y confianza se tambaleen. Si pienso que lo relevante en el mundo es el desempeño profesional, y al evaluarme en esa escala me encuentro muy por debajo de los mejores, es probable que me sienta inferior. Si vivimos en un mundo donde el hacer, tener y vanagloriarse es esencial para ser admirado y valorado, no es de extrañarnos que la mayoría esté lesionada y lastimada pues, los que ganan son apenas la punta de la pirámide, no la base, es decir, por cada persona reconocida como "exitosa" según los méritos del mundo, hay muchos más que son percibidas, bajo esa misma lupa, como no exitosas o perdedoras. De la manera como lidiamos con ello, sabia o neciamente, dependerá nuestro verdadero éxito. Sigamos.

Gedeón obedeció en todo y finalmente está listo para la batalla:

1. Decidió actuar al ser la respuesta a su propia oración
2. Comenzó a creer en lo que Dios declaró sobre él (esforzado y valiente)
3. Tuvo una revelación de parte de Dios que le dio paz en medio de todo
4. Obedeció derribando toda forma de idolatría (altares)

Entonces tocó el cuerno y milagrosamente vinieron, de diferentes pueblos y tribus, unos treinta y dos mil hombres, a jurarle lealtad a Gedeón, dispuestos para la batalla. Gedeón se sentía probablemente entusiasmado de tener un respaldo tan sólido y notorio de parte de Dios. Imagino que estaba optimista y relativamente confiado en la victoria. Pero nuevamente

Dios decide hacer las cosas a su manera. Primero le dice lo que podríamos parafrasear como: "Tu ejército es muy grande Gedeón. Cuando te de la victoria, vas a creer que fue tuya y te vas a olvidar que viene solo de Mí. Diles a todos aquellos que estén nerviosos y asustados, que con toda honestidad y tranquilidad se regresen a sus casas, no los necesitamos." Gedeón obedeció y veintidós mil soldados regresaron a sus hogares. Imagino que el aliento de Gedeón se aceleró un poco pero ya había tenido una revelación de Dios así que pudo haber pensado: "con diez mil aún podemos vencer a esta tremenda multitud porque Dios es poderoso. ¡Aleluya!" Sin embargo, Dios aún veía la victoria como fácil y por ende atribuible al heroísmo y habilidad de Gedeón y sus soldados, por lo que le dio otra instrucción:

> "Cualquiera que lamiere las aguas con su lengua como lame el perro, a aquél pondrás aparte; asimismo a cualquiera que se doblare sobre sus rodillas para beber."[155]

Solo trescientos hombres bebieron el agua con las manos (manteniéndose así alerta a potenciales enemigos), así que ahora la victoria no podría ser atribuida a nadie, solo a Jehová de los Ejércitos. Gedeón enfrentaría con solo trescientos soldados, un ejército que algunos estiman debió tener entre cincuenta mil y ciento treinta mil hombres; es decir una batalla totalmente desigual porque cada soldado israelita tendría que enfrentar cientos de soldados bien entrenados, bien alimentados, sanguinarios y deseosos de matarlos. Pero en la ecuación, nuestro eterno Dios hizo la diferencia:

Cien mil enemigos son mucho **más** que trescientos soldados...

pero

---

[155]   Jueces 7:5b

Cien mil enemigos son mucho **menos** que trescientos soldados **más Dios**

La mejor de las noticias es que las Escrituras nos enseñan que Jesucristo es el mismo ayer, hoy y por siempre,[156] de modo que lo que hizo con Gedeón lo puede hacer contigo. Pero veamos que hizo Dios, quien no solo planteó la situación de una manera muy difícil (mejor dicho, de una manera imposible) a los ojos de Gedeón (trescientos contra una multitud), sino que además la resolvió de una manera totalmente inaudita. El ejército de Israel se dividió en tres simples grupos que llevaban... ¿qué crees que llevaban? ¿Espadas, lanzas, puñales? No. ¿Piedras y hondas, como David? No. ¿Catapultas con bolas de fuego? Tampoco. Bueno, entonces ¿granadas, misiles y tanques? Menos. No... llevaban trompetas, si, trompetas y cántaros, con fuego adentro. ¿Te imaginas ir con solo trescientos hombres a una guerra contra al menos cien mil aguerridos soldados armados hasta los dientes, y que mientras planean como resistir tan sangriento ataque, tu comandante te diga: "Pídele la trompeta del colegio a tu hijo y un par de teas para iluminar a tu mujer; con eso los venceremos"? Sin embargo, Gedeón había aprendido a obedecer a Dios, y sus soldados le eran leales, de modo que hicieron tal y como Gedeón los instruyó, por lo que nuevamente Dios mostró su gloria y que Él es un Dios que atiende a los que le creen:

> *"Y los tres escuadrones tocaron las trompetas, y quebrando los cántaros tomaron en la mano izquierda las teas, y en la derecha las trompetas con que tocaban, y gritaron: ¡Por la espada de Jehová y de Gedeón! Y se estuvieron firmes cada uno en su puesto en derredor del campamento; entonces todo el ejército echó a correr dando gritos*

---

[156] Hebreos 13:8

> *y huyendo. Y los trescientos tocaban las trompetas;*
> *y Jehová puso la espada de cada uno contra su*
> *compañero en todo el campamento. Y el ejército*
> *huyó hasta Bet-sita, en dirección de Zerera, y hasta*
> *la frontera de Abel-mehola en Tabat.*"[157]

Dios ve las amenazas de manera diferente porque Él tiene soluciones y armas diferentes. No podemos vivir la vida plena que Dios nos quiere dar si necesitamos comprender la razón de todo lo que Él va a hacer antes de que lo haga. Se trata de creerle, no de que nos convenza. La esencia de la vida cristiana es la fe y ésta se activa en la incertidumbre. Cuando Dios te pone en nuevos lugares desconocidos, en situaciones adversas o inestables; cuando permite que tu mundo se sacuda y que tú te desestabilices, no te está castigando, te está entrenando para que lo conozcas mejor. Te está preparando para que puedas vivir a tu máximo potencial, para que tengas y disfrutes de esa maravillosa vida por la que pagó en la Cruz. Nada menos que eso…

La esencia de la vida cristiana es la fe y
ésta se activa en la incertidumbre

REPASO (léelo en voz alta):

1. A veces yo soy la respuesta a mi propia oración
2. Existe una distorsión en la manera como me veo que difiere grandemente de la manera como Dios me ve
3. Dios me revela la Verdad, aunque no la vean ni crean mis ojos

---

[157] Jueces 7:20-22

4. Para verme como Dios me ve, es necesario que derribe todos los altares (toda forma de idolatría)

5. Dios me pone en circunstancias incomprensibles, pero Él tiene soluciones igualmente inimaginables. Debo confiar en Él...

No me digas que esperas con fe el cumplimiento de las promesas de Dios, si ahora mismo no puedes creer lo que Él <u>ya</u> ha dicho de ti

¿CÓMO RESPONDEMOS A LOS RETOS DE LA VIDA?

Existen tres maneras comunes de responder a los retos y dificultades en nuestras vidas:

1. Enfocándonos en los obstáculos

En una oportunidad Jesús se le acercó a un hombre que tenía treinta y ocho años acostado al lado de un estanque, en un lugar llamado Betesda, y que esperaba una curación milagrosa asociada con entrar al agua. Aunque Jesús le hizo una pregunta simple: ¿quieres ser sano?, la respuesta del paralítico no lo fue. Él comenzó a explicarle la razón por la cual no había sido sanado ni podría serlo. Su incapacidad era un gran inconveniente y eso le impedía abrirse a cualquier posibilidad de cura, aunque viniera del mismo Señor Jesús. ¿Conoces a alguien así? Personas a las que les invitas un café para orar por ella y animarle, y dedican el rato a darte toda la historia de las citas médicas, tratamientos, dietas y demás detalles que hacen de su gastritis aguda, un caso único e imposible de curar. ¿Qué puedes hacer para ayudarles?

La manera más común y destructiva de confrontar un reto es enfocándonos en el obstáculo. Se le atribuye a Albert Einstein la frase: "un problema no puede ser resuelto en el mismo nivel de pensamiento que lo creó." Es difícil ver la solución cuando todos nuestros recursos se enfocan en el problema, observándolo cuidadosamente, meditando en él, magnificándolo. Si lo que realmente buscamos es una excusa que confirme por qué la situación no se puede cambiar, con seguridad la encontraremos, y por ella nos quedaremos estancados allí.

Pablo en su carta a los hebreos afirma algo maravilloso: *"por la fe entendemos..."*[158] Si bien el verso continúa, quiero rescatar solo esta primera parte de la frase para presentar un punto: Si creo que hay una solución (tengo fe en que algo es posible), puedo encontrar dicha solución o alternativa, aunque en el momento actual no sepa cual pueda ser. Henry Ford lo dijo más o menos de esta manera: "ya sea que creas que es posible o que no lo es, estás en lo cierto." Si crees verdaderamente que una situación o problema se puede resolver, con certeza, tarde o temprano hallarás una posibilidad de solución, o varias. Si por el otro lado, estás totalmente convencido de que la situación es imposible de superar y no existe una opción, entonces será una pérdida de tiempo intentarlo porque tu mente estará enfocada, no en hallar una solución, sino en formular una excusa poderosa para cada potencial alternativa. Al igual que este hombre que llevaba paralítico toda su vida, tus recursos intelectuales y energía estarán enfocados en el "por qué no se puede" y en lo injusto de tu caso, ocupado en aquello que no puedes influenciar, descartando inconscientemente cualquier otra posibilidad por razonable que sea.

Si lo que realmente buscamos es una excusa que confirme por qué la situación no se puede cambiar, con seguridad la encontraremos.

---

[158] Hebreos 11:3 El verso completo dice *"Por la fe entendemos haber sido constituido el universo por la palabra de Dios, de modo que lo que se ve fue hecho de lo que no se veía."* Para los fines de explicar mi punto, estoy usando las primeras 4 palabras solamente.

La solución está en cambiar la pregunta. Dejar de meditar en "por qué no se puede" y pasarnos a abrazar el "¿cómo se podría lograr?" Este simple cambio de pregunta transfiere el foco de nuestra atención puesta en el obstáculo (por el miedo) a la solución (por la fe). Y esto aplica ya sea para solucionar una diferencia entre esposos, aprender a montar bicicleta, lograr esa difícil posición en tu clase de yoga o resolver un sudoku. Por la fe podemos entender (creer) que hay una solución. Aún no la conocemos ni sabemos cómo lo vamos a resolver. Aunque parezca algo imposible de lograr porque nadie lo ha hecho antes, sabemos por fe en Dios que la solución existe, que está en algún lugar y que es posible hallarla; que con creatividad, esfuerzo y dedicación la encontraremos. Jesús dijo: *"Buscad y hallaréis..."*[159]

Una respuesta muy diferente a la del paralítico fue la de un hombre ciego de nombre Bartimeo (hijo de Timeo). Este tenía fe y sabía que Jesús podía sanarlo. Lo sabemos porque, aunque no entendía cómo el Maestro lo haría, le pidió exactamente lo que necesitaba:

> *"Respondiendo Jesús, le dijo: ¿Qué quieres que te haga? Y el ciego le dijo: <u>Maestro, que recobre la vista.</u>"*[160] (Subrayado mío)

La Biblia nos muestra también el ejemplo de un leproso que acercándose a Jesús:

> *"...se postró con el rostro en tierra y le rogó, diciendo: Señor, si quieres, puedes limpiarme."*[161]

Este hombre probablemente despreciado y segregado por muchísimo tiempo, no estaba seguro si el Maestro querría

---

[159] Mateo 7:7, Lucas 11:9

[160] Marcos 10:51

[161] Lucas 5:12b

sanarlo o no porque seguramente se sentía indigno. Sin embargo, sabía que Jesús si podía sanarlo. Tenía fe en que su caso, a pesar de lo difícil del mismo, tenía solución con el Maestro, aunque a su mente le pareciera imposible.

Lo que quiero resaltar es que cuando se nos presenta un problema, un reto de cualquier tipo o una mala noticia, el resultado puede ser muy diferente dependiendo de en donde nos enfocamos: en el problema o en la solución. Si te enfocas en el obstáculo, solo lo fortaleces, lo maximizas, le agregas dificultad. Pero si en cambio enfocas tus esfuerzos en buscar una solución, sabiendo que hay al menos una (por fe, aunque aún no puedas verla), entonces todos tus recursos intelectuales, emocionales, espirituales y físicos comenzarán a trabajar en encontrar una solución para cualquiera que sea la situación.

Es difícil ver la solución cuando todos nuestros recursos se enfocan en el problema.

Cuando Moisés mandó a sus doce príncipes de Israel a espiar la tierra prometida, diez de ellos se enfocaron en el obstáculo. Regresaron con un reporte pesimista diciendo que, a pesar de que la tierra es muy buena y fértil:

> *"...el pueblo que habita aquella tierra es fuerte, y las ciudades muy grandes y fortificadas; y también vimos allí a los hijos de Anac."*[162] [163]

Ellos, como muchos de nosotros, también se enfocaron en el obstáculo. El enemigo ahora se veía muy grande y fuerte como

---

[162] Los hijos de Anac o anaceos eran una raza de gigantes.

[163] Números 13:28

para que ellos pudieran vencerlo. En cambio, Josué y Caleb, los otros dos príncipes enviados por Moisés se enfocaron en la posibilidad:

> *"Entonces Caleb hizo callar al pueblo delante de Moisés, y dijo: Subamos luego, y tomemos posesión de ella; porque <u>más podremos nosotros que ellos</u>."* [164]
> (Subrayado mío)

Pero ya el temor se había apoderado del pueblo y no escucharon ninguna propuesta de solución. De hecho, cómo Josué y Caleb insistieron en ir a la batalla, el pueblo y los otros espías comenzaron a hablar de apedrearlos.[165]

2. Enfocándonos en nosotros

Una opción un poco más efectiva de confrontar las dificultades y aflicciones de nuestra vida es evaluando cómo y con qué podemos responder a esa situación, con el fin de contrarrestarla. Por ejemplo, un desempleo inesperado puede mitigarse con ahorros o con una expectativa positiva que tenemos de conseguir un nuevo trabajo en el corto plazo. Una enfermedad grave se compara y contrapone de algún modo con aquellos médicos o tratamientos que podemos pagar. Si tenemos acceso a la mejor tecnología en ese campo específico de la salud, nos sentimos más optimistas. Una crisis matrimonial o familiar puede mejorar notoriamente si las partes aceptan dialogar y eventualmente buscar ayuda especializada. Sin embargo, aunque la confianza en uno mismo es un rasgo importante que refleja salud psicológica, todos tenemos limitaciones y todos hemos enfrentado (o enfrentaremos alguna vez) circunstancias

---

[164] Números 13:30
[165] Números 14:10

mayores a las que podemos superar con nuestras capacidades y recursos.

En la cita anterior vimos que Caleb inicialmente no se enfocó en el obstáculo sino en sus fuerzas: *"...Subamos luego, y tomemos posesión de ella; porque más podremos nosotros que ellos."* El problema con nuestras fuerzas es que son limitadas. Adicionalmente nuestra autoimagen ha sido distorsionada por muchos de los factores que hemos mencionado en capítulos anteriores. Si nuestra autoestima está herida, sin duda el reto va a ser magnificado al compararlo con nuestra realidad aparente. Veamos cómo se vieron a sí mismos (quizás deba decir cómo se compararon) los otros diez príncipes que espiaron Canaán junto a Caleb y Josué:

> *"También vimos allí gigantes, hijos de Anac, raza de los gigantes, y éramos nosotros, a nuestro parecer, <u>como langostas; y así les parecíamos a ellos</u>."*[166] (Subrayado mío)

¿Cómo es esto posible? Si yo asisto a un partido de la asociación de baloncesto de Estados Unidos (mejor conocida por sus iniciales en inglés NBA), y trato de jugar en un partido, probablemente me vea muy pequeño a pesar de que soy de mediana estatura (1.82m). Ciertamente jugando yo no representaría una amenaza para ninguno de ellos (pienso que me darían el balón para ver qué hago y probablemente se reirían un poco de mí) pero de ninguna manera podría, ni siquiera el más alto entre ellos, verme literalmente como una langosta ni yo sentirme así delante de ellos. La percepción de los espías, distorsionada por el miedo que sentían, alcanzó una desproporción absolutamente irreal.

---

[166] Números 13:33

Si tomamos en cuenta que el pueblo de Israel acababa de ser liberado del yugo egipcio luego de cuatrocientos treinta años de dura servidumbre, no es descabellado pensar que, aunque eran físicamente libres, su mentalidad continuaba esclavizada. Y no me atrevo a culparlos. Por eso el miedo y la desesperanza calaron hondo en su sentimiento de inferioridad alimentado por múltiples generaciones (cuatro siglos) de humillación y degradación. Esto no solo causó que se enfocaran en el obstáculo que tenían al frente, sino que se minimizaran a sí mismos, sintiéndose no solo como langostas delante de sus enemigos, sino fantaseando que asimismo los veían sus enemigos a ellos. ¿Cómo podrían saberlo? ¿Le fueron a preguntar? Por supuesto que no, eran espías, así que simplemente asumieron que los enemigos los veían así de débiles. ¿Por qué? ¿Eran ellos proporcionalmente cómo langostas? Jamás, sino que así se sentían. Para el observador, su percepción es real, y actúa consecuentemente.

Cuando Dios llamó a Gedeón y le dijo que, con la ayuda de Él, Gedeón salvaría a Israel de los poderosos enemigos madianitas, la respuesta provino, al igual que las de estos diez príncipes, de su complejo de inferioridad:

> *"Entonces le respondió: Ah, señor mío, ¿con qué salvaré yo a Israel. He aquí que mi familia es pobre en Manases, y yo el menor en la casa de mi Padre."*[167] (Subrayado mío)

En otras palabras: "No solo en mi familia somos pobres porque, si eso no es suficiente, además yo soy el más pequeño y el más pobrecito de todos ellos." Gedeón no solo se enfocó en sus limitaciones, sino que comparó su autoimagen (afectada por complejos de inferioridad y temor) con un ejército mucho más

---

[167] Jueces 6:15

numeroso y poderoso. El resultado no podía ser diferente. Algo parecido vemos cuando Jehová le ordenó a Moisés que fuera a confrontar a faraón:

> *"Entonces dijo Moisés a Jehová: ¡Ay, Señor! nunca he sido hombre de fácil palabra, ni antes, ni desde que tú hablas a tu siervo; porque <u>soy tardo en el habla y torpe de lengua</u>."*[168] (Subrayado mío)

Aunque eventualmente nos podamos sentir como langostas delante de una dificultad, creo que es más aconsejable enfocarnos en nuestra capacidad de solucionar un problema sin importar cuan limitados seamos. Sin embargo, existe una tercera alternativa muy superior al enfocarnos en el obstáculo o en nuestras habilidades y fuerza: ¡Enfocarnos en Dios!

3. Enfocándonos en Dios

El pueblo de Israel había sido testigo del poder de Dios durante toda la salida de Egipto. Ellos habían visto como el poder de las plagas fue minando poco a poco, una a una, la endurecida voluntad del faraón esclavizador. Y al momento de estar acorralados, vieron al mar abrirse para que Israel pudiera cruzar en tierra y arena secas. Una nube los protegía del sol en el día y una columna de fuego los calentaba y alumbraba en la noche. Dios se había manifestado de una manera totalmente sobrenatural. Por eso los dos príncipes que tenían un espíritu más guerrero, que eran más valientes y llenos de fe por lo que habían visto, no se enfocaron en sus propias fuerzas ya que el ejército egipcio era mucho más poderoso (recuerden que ellos eran mayormente esclavos desnutridos, mujeres embarazadas, ancianos y niños), sino que se concentraron en la grandeza de su Libertador:

---

[168]   Éxodo 4:10

> "Si Jehová *se agradare de nosotros,* él nos llevará a esta tierra, y nos la entregará; tierra que fluye leche y miel. Por tanto, *no seáis rebeldes* contra Jehová, *ni temáis* al pueblo de esta tierra; porque nosotros los comeremos como pan; su amparo se ha apartado de ellos, y con nosotros está Jehová; no los temáis."[169] (Subrayado mío)

Pero ¿cómo nos enfocamos en Dios? El pueblo de Israel nació del padre de la fe, Abraham. Ellos tenían toda una herencia generacional de conocer a Jehová y su Palabra. Conocían bien el libro de la Ley o Torá (hoy en día los primeros cinco libros de la Biblia: Génesis, Éxodo, Levítico, Números y Deuteronomio, todos atribuidos a Moisés), así como a los Profetas y los Salmos. Tenían la simiente de Abraham dentro de ellos, aunque solamente Josué y Caleb se atrevieron a creer. Nótese que, aunque ellos tendrían que ir personalmente a pelear contra los gigantes de Anac y esas peleas eran realmente sangrientas, la confianza de estos dos príncipes descansaba en Dios:

- Él nos llevará a esta tierra
- Él nos la entregará
- Jehová está con nosotros
- Su amparo se ha apartado de ellos

Sin embargo, hay un elemento muy importante que no debemos ignorar, y es el de obedecer a Dios. Nuestra fe se mide por nuestra obediencia:

- Si Él se agradare de nosotros
- No seáis rebeldes contra Él

---

[169] Números 14:8-9

Pablo dice que "...sin fe es imposible agradar a Dios"[170] resaltando así que lo que Dios busca es una fe activa, no pasiva. Una fe ferviente en aquel Dios que hizo, hace y seguirá haciendo lo imposible. Un Dios fiel que ama a su pueblo. Un Guerrero que pelea nuestras batallas. Uno que nos escogió desde antes de la fundación del mundo para ser suyos. ¡Qué manera tan apropiada de afrontar las dificultades de la vida! Enfocándonos en Dios, sabiendo que sus hijos somos agradables a Él y, por tanto, que Él obrará a nuestro favor con poder. Esa es la herencia de los hijos de Dios: vivir en paz en medio de las tormentas; seguir amando en medio de las decepciones; vencer el mal con el bien.

Unos cuarenta años después moriría el gran profeta Moisés, y Dios eligió a Josué para que finalmente, luego de tanto vagar en el desierto, entraran a la tierra prometida, el territorio donde fluye leche y miel. En esta nueva etapa del pueblo vemos que, cuando Jehová instruye a Josué respecto a cómo y cuándo comenzar a conquistar, poco a poco, las tierras prometidas, le repite tres veces: "Esfuérzate y sé valiente."[171] Tener fe no es sentarse a esperar a que Dios haga. Tampoco es esperar a que desaparezca el miedo porque éste podría permanecer. Tener fe es esforzarse activamente aún en medio del miedo, y avanzar hacia donde Dios nos guía. Es también interesante notar que las tres veces que Dios le ordena que sea valiente, a lo que se refiere es a manejar los asuntos naturales bajo los principios del Reino de Dios. ¿Cómo lo sé? Leamos el texto cuando le ordena por segunda vez ser esforzado y valiente:

> "Solamente *esfuérzate y sé muy valiente*, para cuidar de hacer conforme a toda la ley que mi siervo Moisés te mandó; no te apartes de ella ni a diestra ni a siniestra, para que seas prosperado en todas las cosas que emprendas.

---

[170]   Hebreos 11:6a
[171]   Josué 1 versos 6. 7 y 9

*Nunca se apartará de tu boca este libro de la ley,
sino que de día y de noche meditarás en él, para
que guardes y hagas conforme a todo lo que en él
está escrito; porque entonces harás prosperar tu
camino, y todo te saldrá bien.*"[172]

Observa que no le dice que sea valiente para confrontar a los
gigantes anaceos, para conquistar tierras, pelear con su espada
o proteger a las mujeres y niños de Israel. Lo que le ordena
tiene que ver con una actitud en medio de las grandes batallas:
obedecer la Palabra de Dios. En medio del reto, Josué tiene que
ocuparse primero en lo que Dios dice y hacerlo, y solo entonces
enfocarse en la batalla. Por eso debe:

- Hacer conforme a todo lo que está escrito en la Ley
- No desviarse de ella, ni a la izquierda (por defecto, exceso de gracia) ni a la derecha (por exceso, legalismo)
- Declararla con su boca (más exactamente balbucearla o murmurarla) constantemente, de día y de noche
- Meditar siempre en esa Palabra

---

*Tener fe es esforzarse activamente aún en medio del
miedo, y avanzar hacia donde Dios nos guía.*

De modo que el reto no es solo lo que haces sino cómo lo haces;
no es solo confrontar a los gigantescos y violentos enemigos,
sino hacerlo comportándote de acuerdo con lo que enseñan las
Escrituras, obedeciendo detalladamente a la Palabra. Solo así
serás prosperado en todo y todo te saldrá bien.

---

[172] Josué 1:7-8

¿Tienes un gran reto por delante? ¿Estás en una situación delicada de salud, un déficit financiero o una crisis en alguna relación? ¿Tienes un hijo o familiar descarriado o atado a algún vicio? ¿Te sientes deprimido o constantemente ansioso? ¿Se te hace imposible perdonar a alguien que te hizo mucho daño y aunque ya pasó, aún esos recuerdos y deseos de venganza regresan a tu cabeza? ¿Te hicieron una gran injusticia?

Uno de los mejores ejemplos bíblicos de enfocarse solo en Dios, nos lo da el rey David durante la época en que era un adolescente, muchos años antes de ser coronado. El gigantesco paladín Goliat había estado asustando al pueblo de Israel mañana y tarde, hasta el punto de que éstos se encontraban completamente paralizados. ¿Por qué? Porque se enfocaron primero en el obstáculo (un guerrero muy poderoso), y luego en ellos mismos (no hay en nuestras filas ninguno suficientemente fuerte y entrenado para rivalizarlo). Cuando David, quien era muy joven para ir a combate, se presenta en el campo por mandato de su padre, escucha también a Goliat y sus amenazas. Él oyó exactamente las mismas palabras que todos los soldados y líderes militares habían escuchado durante cuarenta mañanas y cuarenta tardes, pero reaccionó de una manera muy diferente. ¿Por qué? Porque al mismo tiempo que el joven cuidaba de las ovejitas de su padre en las noches de verano, también cultivaba una estrecha relación con Dios. Eso hizo que no se enfocara en el tamaño del gigante sino en Aquel que es poderoso:

> *"Entonces habló David a los que estaban junto a él, diciendo: ¿Qué harán al hombre que venciere a este filisteo, y quitare el oprobio de Israel? Porque ¿quién es este filisteo incircunciso, para que provoque a los escuadrones del Dios viviente?"*[173] (Subrayado mío)

---

[173] 1 Samuel 17:26

Mientras todos ponían su vista en la estatura, músculos y armamento del gigante, David se enfocó en que, al ser un extranjero, no tenía la señal del pacto con Dios: la circuncisión. A partir de allí, su razonar es sencillo: Yo soy circuncidado, él no. Yo soy limpio, él es inmundo. Yo pertenezco al pueblo escogido por Dios, él es un idólatra. Yo tengo un pacto con el Dios todopoderoso, él no. Además, él está ofendiendo al Señor quien es Todopoderoso. Conclusión obvia: Dios, que está de mi parte, me dará una victoria contundente.

Cuando finalmente David convence al rey Saúl de que lo deje combatir contra Goliat, y se acercan el uno al otro, el gigantesco filisteo parece percibir la seguridad de David en Dios, y temerla, porque continúa con su discurso amenazante, tratando desesperadamente de que el adolescente se enfoque en él, en el obstáculo:

> "Y cuando el filisteo miró y vio a David, le tuvo en poco; porque era muchacho, y rubio, y de hermoso parecer.
>
> Y dijo el filisteo a David: ¿Soy yo perro, para que vengas a mí con palos? Y maldijo a David por sus dioses.
>
> Dijo luego el filisteo a David: Ven a mí, y daré tu carne a las aves del cielo y a las bestias del campo."[174]

Pero no le funcionó. David conocía que Jehová de los Ejércitos siempre lo respaldaba y que sería Él, el Dios de los escuadrones de Israel quien, a través de él, lo vencería:

---

[174] 1 Samuel 17:42-44

"Entonces dijo David al filisteo: Tú vienes a mí con espada y lanza y jabalina; mas yo vengo a ti en el nombre de Jehová de los ejércitos, el Dios de los escuadrones de Israel, a quien tú has provocado.

Jehová te entregará hoy en mi mano, y yo te venceré, y te cortaré la cabeza, y daré hoy los cuerpos de los filisteos a las aves del cielo y a las bestias de la tierra; y toda la tierra sabrá que hay Dios en Israel.

Y sabrá toda esta congregación que Jehová no salva con espada y con lanza; porque de Jehová es la batalla, y él os entregará en nuestras manos.

Y aconteció que cuando el filisteo se levantó y echó a andar para ir al encuentro de David, David se dio prisa, y corrió a la línea de batalla contra el filisteo."[175]

Lo demás es historia. David hirió al paladín con una certera piedra que se le clavó en la frente, derribándolo y dejándolo semiinconsciente, y luego decapitó al gigantesco enemigo con su misma espada.

En resumen:

- **No te enfoques en el obstáculo**. Entiende por fe que sí hay una solución, y es hacia ella donde debes proyectar tus energías. Salte de esa caja mental que te dice que no puedes. Persevera creyendo.

- **No te enfoques en tu propia autoimagen probablemente distorsionada**. La autoconfianza no es mala, es buena, lo que sucede es que, aunque tengas mucha seguridad

---

[175]   1 Samuel 17:45-48

en ti, siempre habrá retos que superan tus recursos, fuerzas y persistencia. Cree lo que dice la Palabra, que eres una creación de Dios, que Él te pensó, te diseñó, te dio forma. Resiste a los pensamientos de fracaso, inferioridad y suicidio que el enemigo te envía. Tú eres alguien tan valioso que Jesús vino a morir por ti, solo para recuperarte y adoptarte como su hijo.

- **Enfócate en Dios.** En medio de esa dificultad que te confronta, ten coraje para obedecer lo que dice su Palabra.

  o ¿Alguien te hizo mucho daño? Es necesario perdonar. Es una decisión tuya. No es fácil y es un proceso, pero debes llevarlo a cabo con Jesús porque solo así serás prosperado y todo te saldrá bien.
  o ¿Tus finanzas están en rojo? Pídele a Dios provisión sobrenatural. Ajusta temporalmente tu nivel de vida a tu realidad financiera, pero de todas maneras busca a alguien a quien puedas ayudar. Demuéstrale a Dios que eres fiel en lo poco para que Él te ponga sobre mucho.[176]
  o ¿Estás tú o un ser querido afligido por una adicción? Dios te creo libre. Enfócate en Jesús para que te sane nuevamente porque: "...el Señor es el Espíritu; y donde está el Espíritu del Señor, allí hay libertad."[177]

REPASO (léelo en voz alta):

1. No me enfoco en el obstáculo sino en la solución.
2. No me enfoco en mis complejos sino en mis fortalezas.
3. Me enfoco en Dios porque solo Él puede lograr lo que parece imposible.

---

[176] Mateo 25:21, 23
[177] 2 Corintios 3:17

Enfocarte en el obstáculo lo maximiza
Enfocarte en ti te minimiza
Enfocarte en Dios te optimiza

UNA VIRTUD NECESARIA PERO POCO ATRACTIVA

"Pacientemente esperé a Jehová,
Y se inclinó a mí, y oyó mi clamor.
Y me hizo sacar del pozo de la desesperación, del
lodo cenagoso;
Puso mis pies sobre peña, y enderezó mis pasos.
Puso luego en mi boca cántico nuevo, alabanza a
nuestro Dios.
Verán esto muchos, y temerán,
Y confiarán en Jehová."[178]

Hay un atributo cristiano que es requisito indispensable para la vida de éxito que Dios quiere que todos sus hijos disfrutemos, pero que no lo hallamos en el ranking de las diez virtudes más codiciadas por los creyentes. ¿De qué atributo estoy hablando? Bueno, me refiero a la paciencia, el arte de mantener nuestra expectativa en alto aun cuando el tiempo pasa y nada en lo natural parece indicar que alcanzaremos lo que esperamos. La paciencia es la hermana de la fe, pero simplemente no nos gusta esperar. Personalmente se me dificulta. Es tan incómodo vivir en incertidumbre, sin saber lo que sucederá mientras las horas, los días y a veces los meses y años pasan. No nos gusta la

---

[178] Salmos 40:1-3

paciencia porque reta nuestra fe ya que, mientras aguardamos lo que sea que esperemos, desconocemos lo que va a pasar, y necesitamos desesperadamente sentirnos seguros, sentir que tenemos el control. El problema que esto causa no es difícil de esperar por una simple razón: estar "en control" es solo una ilusión. No controlamos nada. ¡Solo Dios está en control!

Como si fuese fácil desarrollar paciencia en medio de los retos, el apóstol Santiago nos sube el estándar aún más cuando nos dice: *"tened por sumo gozo cuando os halléis en diversas pruebas."*[179] ¿De qué estamos hablando? ¿Qué tengamos sumo gozo (máxima felicidad, inmensa alegría) cuando nos hallemos no en una, sino en ¡varias pruebas!? ¡Esto me suena a masoquismo! Sin embargo, en el siguiente verso el apóstol explica la razón que es tan simple como poderosa: *"sabiendo que la prueba de vuestra fe produce paciencia."*[180] Caminar con Dios es un acto diario de fe. Los cristianos adoramos, amamos, le pedimos, servimos y obedecemos a Alguien a quien no podemos ver. Pablo lo resume así: *"porque por fe andamos, no por vista."*[181] La fe y la paciencia están entretejidas, emparejadas. La fe no puede existir donde no hay paciencia. No puedes tener fe sin paciencia porque los procesos transformacionales por los cuales Dios necesita llevarte para cumplir con el propósito para el que te creó, llevan tiempo, y en medio de ellos debemos ejercer fe para perseverar día a día, mientras aguardamos la culminación del sueño, de la necesidad o de lo que hayamos pedido. Te ruego algo, difícil pero valioso: aprende a esperar. Es prácticamente imposible que cumplas el plan de tu vida si no sabes esperar y descansar en Dios, en su guía y sabiduría, en su poder y en su profundo amor por ti. Es importante que seamos pacientes y confiemos que Dios nos dará siempre lo que más nos convenga, pero solo cuando estemos listos. No te apresures según tu propia

---

[179]   Santiago 1:2b

[180]   Santiago 1:3

[181]   2 Corintios 5:7

prudencia. Espera pacientemente en Él, como dice el salmista David, y entonces Él:

- Primero **te hará salir del pozo de la desesperación, del lodo cenagoso.** Me gusta esta imagen porque en medio de las pruebas, del miedo y de lo desconocido, sentimos que nos hundimos. En esos momentos enfocamos nuestra vista hacia abajo, hacia el pantano del cual nos queremos librar, y se nos dificulta ver hacia arriba donde está nuestra ayuda.

- Luego **pondrá tus pies sobre la peña y enderezará tus pasos.** Mientras esperas con fe, el lodo cenagoso se va secando, se va endureciendo. Dios te pone sobre un camino firme, toma tu mano derecha y endereza tu caminar. Las crisis nos ayudan a enfocarnos en lo importante, y nos hacen cambiar el rumbo de nuestro destino al que Dios preparó para nosotros.

- Finalmente, al ver nuestra victoria, **pondrá en tu boca cánticos de alabanza a su nombre.** Las victorias de Dios traen gozo, libertad y restauración, y la consecuencia de esos regalos son alabarlo, agradecerle, cantarle, levantar nuestros brazos a Él.[182]

Es prácticamente imposible que cumplas el plan de tu vida si no sabes esperar y descansar en Dios; en su guía y sabiduría; en su poder y profundo amor por ti

---

Dios está atento a tu clamor, pero a veces tiene que procesarte antes de bendecirte. Él no nos niega nada para lo que ya estemos listos, pero al igual que Abraham esperando su primogénito, Moisés en el desierto o José en la cárcel, muchas veces nosotros

---

[182] Salmos 126:2a dice: "Entonces nuestra boca se llenará de risa, Y nuestra lengua de alabanza;..."

también necesitamos un reto, un tiempo de espera en medio de la prueba en el cual fortalecemos nuestro carácter, con el fin de ser capaces de cumplir el propósito para el que fuimos creados. Como quien empuja a diario una inmensa piedra y quizás no lograr moverla, pero al final del proceso sale fortalecido, asimismo la paciencia invisiblemente hace su obra en nosotros.

Ejerce fe y paciencia. Espera tu momento. No te adelantes a lo que Dios quiere darte. No empujes lo que aún no está completo; no trates de comerte las bendiciones crudas porque podrían indigestarte. Confía en Dios y en que mientras mayor sea la espera, mayor será la bendición. Él tiene sus tiempos, descansa en Él. Dios quiere que le creas, al punto que Pablo nos dice:

> *"Mas el justo vivirá por fe; Y si retrocediere, no agradará a mi alma."*[183]

> *"Pero sin fe es imposible agradar a Dios; porque es necesario que el que se acerca a Dios crea que le hay, y que es galardonador de los que le buscan."*[184]

---

[183]   Hebreos 10:38
[184]   Hebreos 11:6

Todo es posible para mí porque todo es posible para Ti, y Tú me amas

TERCERA PARTE
COMUNIÓN

VIVIENDO EN MIS ALTURAS

"Jehová el Señor es mi fortaleza,
El cual hace mis pies como de ciervas,
Y en mis alturas me hace andar."[185] (Subrayado mío)

Vivir en las alturas es vivir a nuestro máximo potencial, a nuestro mejor nivel, nuestro mejor yo. Por eso el profeta compara sus pies con los de las ciervas que pueden trepar ágilmente entre las rocosas montañas del medio oriente, sin resbalarse. La imagen es clara: permanecer en las alturas espirituales, sin caer, sin bajarnos de ellas.

Una de las cosas que más me gusta hacer cuando puedo es senderismo. A medida que subo por una montaña solitaria, disfruto de como el ruido indistinto de la ciudad se va apagando, dándole espacio al canto de las aves e insectos, el susurro de pequeños manantiales, y al silencio. Lo irrelevante parece quedarse abajo. Es como si a medida que mi cuerpo alcanza un lugar más alto y remoto, mi espíritu también lo hiciera, elevándose hacia lo relevante y trascendente. El murmullo interior, con sus preocupaciones por el futuro, le va cediendo espacio a pensamientos de gozo y paz en el presente. La inquietud causada por una ofensa o frustración, poco a poco se dispersa como la neblina bajo el sol. Una vez escuché que cuando los

---

[185] Habacuc 3:19

cuervos acosan a un águila o a un halcón, picoteándola por la espalda, éstos últimos, incapaces de girar rápidamente sobre sus espaldas para defenderse, comienzan a elevarse y subir más y más hasta alcanzar alturas que el cuervo simplemente no puede alcanzar porque allí no puede respirar. De esta manera se deshacen de ellos. Algo parecido sucede en las alturas. La polución espiritual y mental se queda abajo, como el humo de los autos. ¿Será que tú y yo podemos hacer algo parecido? Que cuando el día a día nos empieza a presionar, cuando comenzamos a ofendernos o desesperarnos por pequeñas circunstancias, por cosas insignificantes, antes de que nuestro corazón comience a quejarse y frustrarse, ¿podríamos levantar nuestras almas a las alturas espirituales donde estas circunstancias no puedan elevarse, no pueden subir ni contaminar? David oraba diciendo:

> "*Alegra el alma de tu siervo, Porque a ti, oh Señor, levanto mi alma.*"[186] (Subrayado mío)

Como ya hemos dicho, el alma contiene nuestros pensamientos, emociones y voluntad. En esta oración, David levanta (eleva, consagra) su alma a Dios como una ofrenda, con el fin de que sea el Espíritu quien guíe sus pensamientos, emociones y voluntad. Se enfoca en lo significante para que lo insignificante se pierda de vista. Eso es vivir en las alturas.

Habacuc, por su parte, quien escribe la cita inicial de este capítulo unos seiscientos años antes de Cristo, está hablando de que gracias a que Jehová es su fortaleza, su protección, su proveedor, él puede vivir en esas alturas, en paz, confiado en Dios. Este profeta no vive asustado, preocupado, amedrentado por las dificultades ni ansioso. Él mora en sus "alturas", a su máximo potencial. ¿No te gustaría vivir en tus alturas? ¿Tener continua tranquilidad? ¿Una vida serena independientemente

---

[186] Salmos 86:4

de las circunstancias que te rodean? Eso también lo puede hacer por ti el Espíritu Santo: guiarte a vivir en tus alturas. Nadie más.

LOS DOS LOBOS

Un anciano de una tribu Cherokee estaba charlando con sus nietos.

Les dijo: Una gran pelea está ocurriendo en mi interior y es entre dos lobos. Uno de los lobos representa la maldad, el temor, la ira, la envidia, el dolor, el rencor, la avaricia, la arrogancia, la culpa, el resentimiento, la inferioridad, la mentira, el orgullo, la competencia, la superioridad y la egolatría. El otro, en cambio, representa la bondad, la alegría, la paz, el amor, la esperanza, la serenidad, la humildad, la dulzura, la generosidad, la benevolencia, la amistad, la empatía, la verdad, compasión y fe.

Esta misma pelea está ocurriendo dentro de ustedes, y dentro de todos los seres humanos de la tierra.

Lo pensaron por un minuto y uno de los niños le preguntó a su abuelo:

Abuelo, dime… ¿Cuál de los lobos ganará?".

Y el anciano Cherokee respondió simplemente... ¡El que tú alimentes!"

Ahora bien, no estoy proponiendo una vida perfecta y sin problemas. No estoy hablando de vidas fáciles y sin retos, mucho menos vidas sin ambiciones ni planes. Nada más falso que eso porque simplemente no existen. No hay uno solo verso en las Escrituras que sugiera que la vida del creyente sea un camino cubierto de pétalos de rosas para que nuestros pies no sufran. De hecho, la Biblia enseña lo contrario. Por ejemplo, Jesús dijo que tendríamos dificultades y aflicciones pero que, estando con Él, las superaríamos:

> *"Estas cosas os he hablado para que en mí tengáis*
> *paz. En el mundo tendréis aflicción; pero confiad,*
> *yo he vencido al mundo."*[187]

En otras palabras, Dios nunca ha prometido que no tendríamos retos. Lo que si prometió es estar siempre con nosotros, en medio de ellos. Jesús además dijo que Él vino para darnos vida en abundancia,[188] plenitud, paz. Vivir en las alturas es vivir tu mejor tú, ser tu mejor tú, brillar con tu mejor luz aun en medio de la tormenta, moviéndote a diario hacia tu propósito divino y no distraído por menudencias ni pequeñeces. Es enfocarte en las batallas importantes y desechar las irrelevantes. Por ejemplo, ¿eres de los que se ofenden por todo? ¿Gastas días enteros pensando y murmurando sobre la injusticia que te hicieron? ¿Te cuesta perdonar o ser perdonado, sacudirte una molestia o limpiarte una herida para seguir adelante? ¿Estás estancada o estancado en lo que alguien te hizo hace días, meses o incluso años? Todo ese peso, por justificado que parezca, no es más que un lastre que te impide levantarte, no te permite elevarte. Es como pelear contra el cuervo en su nivel, en su ambiente y altitud, tratando de devolverle los picotazos en vez de subir a tus alturas y deshacerte de él.

Cuando el joven David llegó al valle de Ela donde el ejército de Israel y el de los filisteos se preparaban para la batalla, escuchó que aquel que venciera a Goliat recibiría tres premios: la hija del rey Saúl como esposa, grandes riquezas, y adicionalmente su familia quedaría exenta de pagar impuestos. David es inmediatamente

---

[187] Juan 16:33

[188] Juan 10:10 *"El ladrón no viene sino para hurtar y matar y destruir; yo he venido para que tengan vida, y para que la tengan en abundancia."* (Subrayado mío)

atraído por esta triple oferta y para confirmar la veracidad de tan buena propuesta, pregunta de nuevo. Mientras tanto su hermano mayor Eliab, quien junto con el resto del pueblo de Israel está asustado por el tamaño y ferocidad del gigante, se enoja al ver su actitud y trata de ridiculizarlo, dejando ver a todos que él tan solo cuidaba unas pocas ovejas de su padre.[189] Pero David no cayó en la trampa. Ni siquiera consideró una respuesta. Se limitó a decir: *"¿Qué he hecho yo ahora? ¿No es esto mero hablar?"*[190] Y se apartó. No se defendió ni se distrajo de lo que le interesaba. Solo se apartó y siguió indagando. En otras palabras, David no se distraía con menudencias y asuntos irrelevantes; no permitía que las pequeñas batallas ni molestias lo desviaran de su propósito.

No permitas que lo importante esté sujeto a lo no importante.

Para cumplir tu propósito necesitas usar todas tus energías en lo prioritario, y la única manera de lograrlo es ignorando lo que no lo es.

No hay mejor manera de ignorar las bajezas que enfocarnos en las alturas.

---

[189]   1 Samuel 17:28 *"Y oyéndole hablar Eliab su hermano mayor con aquellos hombres, se encendió en ira contra David y dijo: ¿Para qué has descendido acá? ¿y a quién has dejado aquellas pocas ovejas en el desierto? Yo conozco tu soberbia y la malicia de tu corazón, que para ver la batalla has venido."*

[190]   1 Samuel 17:29b

ELEVANDO NUESTRA MENTALIDAD HACIA LAS ALTURAS

Imagina que te encuentras a un pordiosero herido y hambriento en la calle y decides ayudarlo. Lo llevas a un refugio y lo primero que haces es despojarlo de sus ropas inmundas incluyendo zapatos, ropa interior y medias, así como cualquier objeto que traiga como bastón, guantes, pañuelo o sombrero. Luego procedes a alimentarlo, a curar sus heridas, afeitarlo, bañarlo, cortarle las uñas y dejarlo descansar. Ahora bien, a este hombre restaurado y limpio, descansado, curado de sus heridas y con las esperanzas renovadas, ¿le darías para vestirse las mismas ropas que tenía en la calle? Imposible. Él mismo las rechazaría porque ahora ha sido renovado, ya no es el mismo. No querrá aquello de lo que gracias a ti se deshizo. Bueno, el proceso que hace el Espíritu Santo con nosotros es bastante similar al descrito sobre el mendigo. Pablo lo narra en solo tres versos:

> "En cuanto a la pasada manera de vivir, _despojaos_ del viejo hombre, que está viciado conforme a los deseos engañosos, y _renovaos_ en el espíritu de vuestra mente, y _vestíos_ del nuevo hombre, creado según Dios en la justicia y santidad de la verdad."[191] (Subrayado mío)

---

[191] Efesios 4:22-24

Debemos <u>despojarnos</u> de nuestras miserias e inmundicias, luego <u>renovar</u> nuestra manera de pensar para entonces <u>vestirnos</u> como una nueva creación de Dios. Veamos cada paso:

PRIMERO: Tu "viejo hombre" o antigua manera de pensar.
¿De qué necesitas despojarte?

Generalmente este proceso inicial nos presenta tres trampas:

1. Las trampas del carácter:

¿Te ofendes fácilmente? ¿Te sientes herido, desanimado o acusado por todo? ¿Explotas con frecuencia por circunstancias menores que luego ponderas y ves que no fueron graves? ¿Sobre reaccionas? La verdad podrías estar dándole mucho poder a otras personas... o tan solo tomándote demasiado en serio. La pregunta clave que quiero que te hagas es la siguiente: ¿Exactamente dónde, en que parte de tu corazón te hieren esos dardos? Por ejemplo, si alguien dijo algo que te pareció ofensivo, imagina por un momento que la ofensa es una flecha. Ahora dirige tu atención al punto de partida de la flecha (la boca o rostro de la persona que te la lanzó), obsérvala volar en el aire e identifica el lugar donde se clava en ti, en donde cayó, adonde duele... ¿Es en tu auto estima, en el abandono, en las palabras denigrantes que uno de tus padres pronunció, o en la herida que alguien te hizo hace tiempo, pero que aún no cicatriza? ¿Te sientes desvalorado por personas a quienes amas? ¿Hiere esa flecha un nervio descubierto que hace cojear tu propia validación? Sí te expones mucho al sol, tu espalda puede irritarse y si alguien te da una palmada amistosa, te arderá como si fuera una agresión. Entonces la pregunta no es ¿por qué esa persona me hace esto? sino ¿dónde se enterró ese dardo que me duele tanto? ¿Es en mi miedo, en mi inseguridad, en mi duelo, en mi vacío, en mi inocencia, en mi abandono? ¿Dónde? Identificar donde te duele te ayuda a responsabilizarte de tu reacción. Luego pídele a tu mejor amigo, el Espíritu Santo, que te recuerde que fue lo que primeramente te hirió allí que hasta la fecha no se cicatriza…

2. Las trampas relacionales:

¿Dependes de otras personas para toda o casi toda iniciativa, por personal que sea? ¿Sientes que 'cumples' con tus amistades más que disfrutarlas? ¿Qué tipo de personas frecuentas? ¿Gente que te añade valor, que te motiva e inspira, o gente que te resta y que te deja agotado después de una charla? ¿Te retan tus amigos, o te motivan más bien a renunciar y a huir, a permanecer del lado seguro, en la zona de confort colectivo? Me gusta la jardinería, y he aprendido que no importa cuán bien se vea mi jardín, si quiero mejorarlo, es necesario deshacerme de algo, arrancar algo, podar algo, antes de poder agregar lo nuevo o sembrar algo mejor. Dicho de otro modo, nuestras relaciones se parecen a nuestro clóset: es necesario deshacernos de algo de ropa vieja que ya no nos sirve, para abrir espacio para la nueva. Lo que generalmente dificulta este proceso de separación y renovación de relaciones, es que el primer paso incluye separación, lo cual nos puede causar tristeza y soledad; sin embargo, es un paso necesario antes de conocer nuevas personas, por lo que debemos ejercer fe y paciencia mientras el proceso avanza.

En su libro de hace algunas décadas, "La Búsqueda", Alfonso Lara Castillo narra la historia de un campesino que se encontró un huevo de águila en el suelo y, por compasión se lo llevó a su granja. No pudiendo hacer otra cosa mejor, el granjero dejó que las gallinas lo empollaran y al nacer, la poderosa ave creció entre pollos. Picoteaba el suelo a diario, buscando semillas y gusanos, aunque por naturaleza era un depredador; dormía en un palo a 30 centímetros de altura, aunque estaba diseñado para volar más allá de las nubes; aprendió a pensar en "pequeño", con una "mente de corral," aunque fue creado para habitar en las cimas más altas de la tierra. La historia termina en muy buenos términos cuando finalmente nuestro amigo águila descubre quien es, sin embargo, el mensaje es contundente y verdadero, y se resume a (como diría mi madre): "Dime con quien andas y te diré quién eres." Las personas que te rodean si influyen sobre ti, sea que lo creas o no, te percates de ello o no, te gusten o no. Si quieres moverte con éxito hacia adelante en algo, busca personas que ya pasaron por allí, que ya conocen ese camino. Si quieres iniciar tu propia empresa después de muchos años de ser empleado, no le preguntes a tus compañeros que aún siguen trabajando bajo ese modelo. Busca a alguien quién ya logró emprender uno o varios negocios exitosamente. Si estás buscando tu primer hijo, busca relacionarte con parejas embarazadas o que tengan bebés. Si tienes problemas matrimoniales, no le pidas consejo a quien se ha divorciado cuatro veces y se la pasa en el bar contándole sus penas al cantinero; pídeselo a esos abuelitos que han estado juntos y felices por medio siglo. Esta no es una invitación a rechazar a la gente. La compasión es una virtud hermosa y debemos ser pacientes con quienes nos rodean, pero gente tóxica, personas que por su inseguridad y celos te impiden crecer; personas abusivas, auto compasivas, envidiosas de tu éxito o egoístas; gente limitada por ambiciones muy pequeñas o mentes muy conformistas (de corral), no te van a ayudar. Después de todo, si alguien no tiene sueños ni mucho menos la fe para creer que puede alcanzarlos, ¿cómo te va a inspirar a lograr los tuyos? Todos necesitamos de alguien que nos rete y nos saque de nuestra zona de confort.

No sé qué es más dañino, si una buena excusa que te bloquea o una relación que te detiene, pero lo que sí sé, es que te conviene y urge deshacerte de ambas...

3. Las trampas del pecado:

¿Cómo está tu corazón? No hay peor lastre para aferrarte a lo terrenal e impedirte vivir en tus alturas, que el error (o pecado, en lenguaje bíblico). La palabra pecado simplemente significa: "errar el blanco." En el momento que ignoramos la voluntad de Dios en nuestras vidas y decidimos dirigir nuestros pasos según nuestras opiniones, astucia y lo que ven nuestros ojos naturales, nos salimos del propósito para el que fuimos creados, y erramos. Por ejemplo, si hay envidia en tu corazón codiciando algo solo porque otro lo tiene; si juzgas a otros minimizando lo que hacen solo para sentirte mejor contigo; si constantemente murmuras y críticas a gente que ni siquiera conoces o conoces muy poco; si estás demasiado preocupado por uno de los tres anzuelos que el diablo usa: 1) lo que haces, 2) lo que posees y 3) lo que los otros piensan de ti, entonces es difícil despegar. Tu mente, al igual que la del águila en la granja, apunta al suelo. Necesitas dejar de escarbar buscando gusanos, levantar tu mirada, extender tus alas lo más ampliamente posible, y despegar hacia el inmenso y azul firmamento.

Tu fuiste creado para cosas grandes, fuiste formado para propósitos únicos. No eres un pollo, eres un águila. Necesitas la sangre de Cristo para despojarte (al igual que el mendigo mencionado anteriormente) de la inmundicia que te hace heder. No seas de los que comen abundante cebolla y ajo, y todos lo notan excepto ellos mismos.

SEGUNDO: El espíritu de tu mente. ¿En dónde necesitas renovarte?

4. ¿Qué tienes que cultivar?

Anteriormente comparé las relaciones amistosas con un clóset, mencionando que la mejor manera de renovarlo es primero sacando lo que ya no nos es útil o no nos agrada (quizás podríamos agregar lo que ya pasó de moda: personas que durante una época nos contribuyeron y nosotros a ellos, pero ya no). La mente, sin embargo, funciona del modo opuesto.

> *No perdamos tiempo pensando en cómo deshacernos de las tinieblas sino más bien invirtamos esa energía meditando sobre la luz.*

Primero debemos meterle algo nuevo (ideas, pensamientos, la Palabra) y, en la medida que lo vamos meditando e invirtiendo tiempo en ello, el nuevo pensamiento se va desarrollando, creciendo y conquistando espacio neuronal. Así expulsamos la vieja manera de pensar que tarde o temprano desaparece. Así es como se renueva nuestra mente. El secreto no es enfocarnos en aquello de lo que queremos deshacernos, sino por el contrario, concentrarnos en lo que queremos incorporar. Es como sembrarle semillas al cerebro para que germinen nuevas maneras de pensar. Algunas personas quieren olvidar algo lamentable o negativo que les ocurrió, pero no cesan de hablar de ello. No perdamos tiempo pensando en cómo deshacernos de las tinieblas sino más bien invirtamos esa energía meditando sobre la luz. No se alcanza el éxito temiendo el fracaso. Si tú o un ser querido tiene que pasar por la difícil situación de una cirugía delicada, seguramente querrás que el médico opere pensando en que puede salvarte, no en que ya no hay nada que hacer. Querrás que actúe mentalizado en el éxito, en lo positivo, creyendo que va a lograrlo, nunca resignado al fracaso. Igualmente, los seres humanos nos renovamos y fortalecemos en lo positivo, en lo bueno que incorporamos, y en la verdad de las Escrituras. Por eso el apóstol Pablo nos motiva a ser transformados por medio de la renovación de nuestro entendimiento.[192] Transformados significa que nuestro pensamiento cambia de forma, y esto ocurre renovando la manera como entendemos las cosas, viéndolas desde la perspectiva divina, trascendente, eterna.

---

[192]   Romanos 12:2b

Pablo nos invita a apuntar nuestros pensamientos hacia lo que nos conviene:

> *"Por lo demás, hermanos, todo lo que es verdadero, todo lo honesto, todo lo justo, todo lo puro, todo lo amable, todo lo que es de buen nombre; si hay virtud alguna, si algo digno de alabanza, <u>en esto pensad</u>."*[193] (Subrayado mío)

La manera más eficiente de renovar nuestro entendimiento es la bíblica: meditar en la Palabra de Dios, en las Escrituras. Leerlas, imaginarlas, digerirlas, masticarlas, declararlas, hablarlas, memorizarlas y todas las otras "arlas" que te sirvan para entenderla mejor. Cuando Jehová Dios, después de la muerte de Moisés le informa a Josué que será él quien guíe al pueblo de Israel a la tierra prometida, lo primero que le ordena, antes de darle cualquier táctica o técnica de combate, es la estrategia general o el principio central en el que deberá apoyarse siempre:

> *"<u>Nunca</u> se apartará de tu boca este libro de la ley, sino que <u>de día y de noche</u> meditarás en él, para que <u>guardes y hagas conforme a todo</u> lo que en él está escrito; porque entonces <u>harás prosperar tu camino, y todo te saldrá bien</u>."*[194]

Luego de cuatrocientos treinta años de esclavitud en Egipto y de cuarenta años vagando por el desierto, se necesitaba una mente renovada para poder guiar a un pueblo tan sufrido y agotado. Era necesario transformar sus esquemas mentales de víctimas a conquistadores, de esclavos a libres. Dejar de pensar como aves de corral y dejar salir al águila. Josué era un príncipe y hombre de muchísimo valor y empuje. Sin embargo, Jehová no le explica

---

[193] Filipenses 4:8
[194] Josué 1:8

las tácticas para derrotar al enemigo sino se enfoca en que aprenda a pensar un poco como Él (como Dios). ¿Por qué digo en que piense como Él? Porque la Biblia (o la parte escrita hasta entonces, la Torá[195]) nos revela el corazón de Dios, su mente, lo que le gusta y lo que le desagrada, lo que lo alegra y lo que le entristece. El Espíritu Santo inspiró a más de cuarenta escritores de diferentes orígenes, educaciones, profesiones, culturas y niveles sociales, durante un período que abarcó alrededor de mil seiscientos años, para que escribieran todo el compendio de libros que hoy llamamos Biblia. En ella encontramos todo lo que Dios consideró necesario transmitirnos y enseñarnos para que podamos entenderlo un poco más, seguirlo según Él se revela a Si mismo, y amarlo con todo nuestro ser. Nos enseña a vivir y nos muestra claramente aquello que debemos imitar y lo que debemos evitar. En las Escrituras Dios nos invita a una relación íntima y personal con nuestro Creador, por eso estudiarla y meditarla con la ayuda del Espíritu Santo, es un medio poderoso de renovar nuestro entendimiento y ser transformados para cosas mayores.

5. ¿A quién sigues?

Como ya se mencionó en el punto 2 (las trampas relacionales), aquellas personas con las que interactúas frecuentemente influyen constructiva o destructivamente en tu vida. Por eso puede ser muy valioso que tengas un mentor, un líder, un coach o alguna persona de autoridad quien pueda inspirarte a ir por más, a dar lo mejor de ti, a esforzarte al máximo y a asegurarte de explorar y evaluar todas las opciones en cada situación donde debas tomar una decisión. La Biblia nos da, entre varios otros, un ejemplo impresionante de lo que puede llegar a ser la influencia de un buen líder. David, mientras huía para evitar

---

[195]   Torá o Torah (también llamada la Ley o Pentateuco) está conformada por los primeros cinco libros de la Biblia: Génesis, Éxodo, Levítico, Números y Deuteronomio, en un total actual de 187 capítulos.

confrontar al rey Saúl quien estaba obsesionado con matarlo, se escondió en la cueva de Adulam, cerca del valle de Elah, en Israel. Allí se le unieron cuatrocientos hombres con un perfil bastante particular y poco prometedor, considerando que la idea era formar un ejército:

> "Y se juntaron con él todos los _afligidos,_ y todo el que estaba _endeudado,_ y todos los que se hallaban en _amargura de espíritu,_ y fue hecho jefe de ellos; y tuvo consigo como cuatrocientos hombres."[196]
> (Subrayado mío)

Imagínate por un momento que eres David para poder concebir el cuadro: estás escondido por días en diferentes cuevas montañosas, con carencia de agua y alimentos, preocupado por la altísima posibilidad de que alguien te haya denunciado al rey Saúl y éste venga, en cualquier momento, a atacarte con su poderoso ejército bien entrenado, armado y alimentado. Recuerda que el rey está ensañado contra ti. Con certeza estás orando a Dios por su ayuda y protección. Tus conocidos se enteran y les informan secretamente a sus contactos quienes, con el fin de ayudarte juntan cuatrocientos hombres que salen a acompañarte. Te anuncian la buena nueva de que varias centenas de hombres van hacia ti para apoyarte y defenderte. Imagina la cara de David cuando los vio llegar: esperaba gente animosa, pero le llegaron afligidos; necesitaba recursos para obtener armas y provisiones, pero estos estaban endeudados; necesitaba guerreros decididos y proactivos, pero estos estaban amargados en sus espíritus. ¿Qué haces con un ejército así? Pues mandarlos de regreso a casa. "Mejor solo que mal acompañado," decía mi madre. Pero David no tenía opción. Eso era lo que había disponible y él, de este grupo de hombres aparentemente fracasados, tristes y quejumbrosos, sacaría lo mejor que pudiera.

---

[196]   1 Samuel 22:2

No sé qué les decía ni cómo los arengaba. Supongo que los reunió muchas noches, alrededor del fuego, y les contó como con sus manos llegó a vencer osos y leones que atacaron su rebaño, para proteger a sus ovejas cuando apenas era un adolescente. Quizás les relataría una y otra vez, a petición de ellos, cómo con su honda logró enterrar una sólida piedra de rio en la mitad de la frente (el único espacio descubierto del casco) del gigantesco Goliat. Les mostraría como una pequeña honda, en manos adiestradas, se convertía en una poderosa arma militar. También es probable que estos hombres escucharan a David orando antes del amanecer, diciéndole al Padre: *"Dios, Dios mío eres tú; De madrugada te buscaré; Mi alma tiene sed de ti, mi carne te anhela."*[197] La verdad es que la Biblia no narra exactamente cómo David logró inspirar a muchos de estos hombres, pero ciertamente convivir con un hombre como él, con su valor y astucia, su fe en Dios y su sabiduría, los impactó. Para que tengas una idea de la transformación que David logró en ellos, te resumo la historia de lo que algunos de estos hombres, endeudados y afligidos, alcanzaron. De hecho, al menos treinta y siete de ellos terminaron siendo parte de un selecto comando o escuadrón élite, al que las Escrituras llaman "los valientes de David." Veamos los nombres de algunos según lo cita el segundo libro de Samuel, así como las hazañas que lograron después de seguir por un tiempo a su poderoso líder:

> *"Estos son los nombres de los valientes que tuvo David: Joseb-basebet el tacmonita, principal de los capitanes; éste era Adino el eznita, que mató a ochocientos hombres en una ocasión.*
>
> *Después de éste, Eleazar hijo de Dodo, ahohíta, uno de los tres valientes que estaban con David cuando desafiaron a los filisteos que se habían reunido allí*

---

para la batalla, y se habían alejado los hombres de Israel. <u>Este se levantó e hirió a los filisteos hasta que su mano se cansó, y quedó pegada su mano a la espada.</u> Aquel día Jehová dio una gran victoria, y se volvió el pueblo en pos de él tan sólo para recoger el botín.

Después de éste fue Sama hijo de Age, ararita. Los filisteos se habían reunido en Lehi, donde había un pequeño terreno lleno de lentejas, y el pueblo había huido delante de los filisteos. <u>El entonces se paró en medio de aquel terreno y lo defendió, y mató a los filisteos; y Jehová dio una gran victoria.</u>

Y Abisai hermano de Joab, hijo de Sarvia, fue el principal de los treinta. <u>Este alzó su lanza contra trescientos, a quienes mató,</u> y ganó renombre con los tres.

Después, Benaía hijo de Joiada, hijo de un varón esforzado, grande en proezas, de Cabseel. <u>Este mató a dos leones de Moab; y él mismo descendió y mató a un león en medio de un foso cuando estaba nevando. También mató él a un egipcio, hombre de gran estatura;</u> y tenía el egipcio una lanza en su mano, pero descendió contra él con un palo, y arrebató al egipcio la lanza de la mano, y lo mató con su propia lanza. Esto hizo Benaía hijo de Joiada, y ganó renombre con los tres valientes."[198]
(Subrayado mío)

Desconozco si hubo otros factores y es posible que sí, sin embargo, es muy probable que el ingrediente principal de la

---

[198]   2 Samuel 23:8-12, 18, 20-22

impresionante renovación mental y física de estos hombres haya sido el liderazgo diferente que el futuro rey modeló delante de ellos. Transformar a una multitud de hombres afligidos, endeudados y amargados de espíritu, en la élite de los valientes de David, guerreros que defendieron territorios, mataron cientos de hombres cada uno en diferentes batallas, y con tanta pasión que las espadas se le quedaban pegadas a las manos, denota que la renovación si es posible. De hecho, la "transformación por medio de la renovación de nuestro entendimiento" que Pablo demanda, no solo es factible, es necesaria si queremos vivir a nuestro máximo potencial; si verdaderamente queremos vivir "en nuestras alturas."

Ahora bien, ¿cuál fue la fórmula secreta que David usó para renovar a estos hombres? ¿Fueron su habilidad personal, carisma y energía los únicos factores o hubo también intervención divina? Retrocedamos por un momento a dos acontecimientos importantes ocurridos pocos años antes y que nos pueden dar luz acerca del verdadero poder influyente detrás del extraordinario liderazgo de David:

a. El primero cuando David fue ungido como futuro rey de Israel por el profeta Samuel:

> *"Y Samuel tomó el cuerno del aceite, y lo ungió en medio de sus hermanos; y <u>desde aquel día en adelante el Espíritu de Jehová vino sobre David.</u> Se levantó luego Samuel, y se volvió a Ramá."*[199]
> (Subrayado mío)

b. El segundo cuando Saúl sufría insomnio, atormentado por la ansiedad y los demonios, y unos criados le recomendaron que llevara al palacio del rey al entonces

---

[199] 1 Samuel 16:13

jovencito David, para que lo calmara tocando música para el rey. Observa cómo la gente percibía a este adolescente mucho antes de ser famoso:

"Entonces uno de los criados respondió diciendo: He aquí yo he visto a un hijo de Isaí de Belén, que sabe tocar, y es valiente y vigoroso y hombre de guerra, prudente en sus palabras, y hermoso, y Jehová está con él."[200] (Subrayado mío)

Como podemos ver en estos dos versos, David tenía muchas virtudes, sin embargo, había una mayor que en mi opinión, resalta. Aunque no desestimamos el poder de influencia de David, una transformación tan grande y significativa como la descrita, seguramente requirió algo más que un buen comandante que los inspirara. David estaba lleno del Espíritu Santo. Solo Él puede renovar completamente nuestro entendimiento y convertirnos en nuevas criaturas. Por eso sé que sí puedes ser libre de adicciones, si tienes al Espíritu Santo. Creo que es posible restaurar tu matrimonio ya deteriorado, bajo su guía. Ese hijo descarriado, ese negocio en bancarrota, esas ataduras de depresión y ansiedad pueden derribarse, pero solo a través de su poder. Gracias al Espíritu podemos superar todas nuestras limitaciones, derribar a cada uno de los gigantes que nos afrentan, iniciar y concluir grandes proyectos, superar grandes retos, obtener la casa de nuestros sueños y una mejor educación para nosotros y nuestros hijos. El Espíritu Santo está vivo, es poderoso, y quiere tener una gran amistad contigo. Él quiere guiarte, acompañarte, sostenerte y, créelo o no: ¡Ser tu amigo!

¡Tú puedes ser completamente renovado
por el poder de su Espíritu!

---

[200]   1 Samuel 16:18

6. ¿Qué has anhelado comenzar?

¿Qué hay guardado en tu corazón? ¿Qué es aquello que te apasiona y se te da fácil, pero a lo que renunciaste hace años, cuando las cosas no salieron como lo esperabas? Por otro lado, ¿hay algún lugar al que por tiempo has soñado visitar? ¿Qué hábito te gustaría tener o qué práctica iniciar que, una vez incorporado en tu vida, te pueda impactar de una manera nueva y muy positiva?

La renovación de nuestro ser es un proceso natural e indoloro, pero lo reprimimos cuando primeramente buscamos estabilidad económica y pura seguridad. La renovación es espontánea, pero podemos abortarla cuando nos limitamos a vivir y operar dentro de nuestra zona de seguridad. La tan buscada "tranquilidad" es enemiga de la renovación. El costo de la comodidad de vivir en lo conocido es invisible pero muy alto porque crecemos mucho en lo desconocido y la zona de confort atrofia tu potencial. Mientras tanto la zona de reto o desafío lo expande. La renovación es consecuencia de que fuimos hechos de una manera maravillosa, para lograr cosas maravillosas. Dios sembró esa grandeza en nuestras almas en el momento en que nos formó:

> "Porque tú formaste mis entrañas;
> Tú me hiciste en el vientre de mi madre.
> Te alabaré; porque formidables, maravillosas son
> tus obras;
> Estoy maravillado, Y mi alma lo sabe muy bien.
> No fue encubierto de ti mi cuerpo,
> Bien que en oculto fui formado,
> Y entretejido en lo más profundo de la tierra.
> Mi embrión vieron tus ojos,
> Y en tu libro estaban escritas todas aquellas cosas
> Que fueron luego formadas, Sin faltar una de ellas."[201]

---

[201] Salmos 139:13-16

Como ya hemos mencionado anteriormente, Dios te creó como un ser único, especial, sin molde. Te pensó, te formó, te diseñó. Y este extracto del Salmo termina hablando del genoma humano: ese libro invisible donde está escrito todo lo que posteriormente es formado, sin faltar nada. En otras palabras, el Creador puso todo lo necesario para que vivas en tus alturas, a tu máximo potencial, cumpliendo así el propósito maravilloso para el que fuiste creado. Parte del proceso de renovación ahora es que logres recuperar los sueños perdidos, los anhelos olvidados, mientras usas las capacidades únicas que Él te ha dado.

TERCERO: El nuevo hombre (ser). ¿Cómo vestirte de tu nueva naturaleza divina?

7. Tu nuevo ser: ¿cómo te conviene andar (vestirte)?

Volviendo al ejemplo inicial del pordiosero, podemos suponer que una vez curado de sus heridas, afeitado, bañado, comido y descansado, difícilmente querrá esta persona usar nuevamente las ropas viejas que le quitaron. Anhelará usar algo más cónsono con su nuevo sentir: primero que nada algo limpio, ojalá que sea de su talla, idealmente bien combinado…

De igual modo, una vez que eres renovado en el espíritu de tu mente, en cuanto entiendes que eres hijo amado del Dios Altísimo, que eres su mayor creación y que en el plan original fuiste diseñado a su imagen, semejante a Dios (creativo, compasivo, protector, amoroso), la posición de tus hombros al caminar será humilde pero confiada. Es verdad que no se trata solamente de ti, pero se trata de Aquel que vive en ti. Parte de la experiencia de ser hijo de Dios es saberse amado. Entender que tienes el ADN del Shaddai, el Dios Todopoderoso. Que somos *"linaje escogido, real sacerdocio, nación santa, pueblo adquirido por Dios."*[202] No

---

[202]   1 Pedro 2:9a

nos gloriamos en nosotros sino en Jesús: *"Mas el que se gloría, gloríese en el Señor;"*[203]

Por otro lado, los hijos de Dios debemos ser la luz del mundo y la sal de la tierra. Somos la verdadera nobleza del planeta. Todos nuestros fracasos, errores y pecados han sido borrados y nuestros nombres han sido escritos en el Libro de la Vida. Somos el fruto de la aflicción del Cordero. Todas y cada una de nuestras maldiciones, debidas a los errores de nuestros antepasados, han sido rotas por el Mesías cuando fue colgado en el madero.[204] Nuestras enfermedades fueron llevadas sobre su cuerpo el cual, de tanto maltrato y dolor, se convirtió en una llaga.[205] Nuestra pobreza también fue erradicada en la Cruz.[206] Caminemos con dignidad, paz, gozo y amor: *"vestíos del nuevo hombre, creado según Dios en la justicia y santidad de la verdad."*[207] En otras palabras, comienza a vivir en tus alturas...

8. Tu nuevo ser: Manifiesta tu amor

El amor de Dios en nosotros se manifiesta también al reconocer a otros, al motivarlos, honrarlos y admirarlos. Parte del nuevo vestido de una mente renovada (y elemento esencial para vivir en nuestras alturas), es el estar atentos a las necesidades de otros. Palabras de aliento para el que está abatido, consuelo para el que está de luto, honra para quien honor merece. Los maridos

---

[203]   2 Corintios 10:17

[204]   Gálatas 3:13 *"Cristo nos redimió de la maldición de la ley, hecho por nosotros maldición (porque está escrito: Maldito todo el que es colgado en un madero."*

[205]   Isaías 53:5 *"Mas él herido fue por nuestras rebeliones, molido por nuestros pecados; el castigo de nuestra paz fue sobre él, y por su llaga fuimos nosotros curados."* (Subrayado mío)

[206]   2 Corintios 8:9 *"Porque ya conocéis la gracia de nuestro Señor Jesucristo, que por amor a vosotros se hizo pobre, siendo rico, para que vosotros con su pobreza fueseis enriquecidos."*

[207]   Efesios 4:24

tenemos el deber de animar cada uno a su esposa con halagos diarios a su belleza, a su intelecto, al rol que cumplen ya sea en el hogar, en los negocios o en ambos. La mujer debe admirar y motivar a su esposo a ir por más. Ambos deben de inspirar a sus hijos y eso generalmente pasa por el reconocimiento. Es importante resguardarles su identidad, recordarles quienes son en Cristo, y reafirmarles que su valor no depende de lo que tienen, hacen o del número de sus seguidores en Instagram, sino de Aquel que los diseñó tal y como son, y se entregó a Si mismo para darles una vida abundante. Urge reconocer y honrar. Es imperativo que dejemos de creernos el centro del universo, que nos deshagamos del orgullo y de la vanidad, y comencemos a ver lo bueno que hay en los otros. Se generosa, se generoso. Busca algo que exaltar en tu pareja, en tu hijo, en tus padres si aún tienes el privilegio de tenerlos vivos. Deshazte de la crítica y el perfeccionismo. Honra a tu equipo, a tu jefe, a la persona que recoge la basura en tu oficina; dale un vaso de agua al recolector del aseo o a quien te sirve comida. Permítele a ese auto pasar en medio del tráfico. No caigas en la vorágine del día a día. ¡Vive en tus alturas!

9. Tu nuevo ser: Cambia el ambiente del lugar al que llegas

> *"El que me ama, mi palabra guardará; y mi Padre le amará, y vendremos a él, y haremos morada con él."*[208]

Esta es una promesa extraordinaria dada a nosotros por el mismísimo Jesucristo. Si lo amas y guardas su Palabra, de una manera sobrenatural Dios se muda a ti, y te conviertes en un templo de su Santo Espíritu. Ahora bien, si su Presencia mora en ti, entonces ella va a cualquier lugar al que tú vayas, o como

---

[208] Juan 14:23

le dijo Dios a Moisés *"Mi Presencia irá contigo..."*[209] Tú eres recipiente del Dios Eterno. Eres su transporte y portador. Como explicábamos al inicio de este libro, luego de vivir primeramente en el tabernáculo, después en el templo de Salomón y hace dos mil años encarnado como hombre en la tierra (Jesús), Dios decide vivir en ti, en sus hijos, manifestando su amor y poder a través de ellos. Cuando la comunión entre el hombre y el Espíritu Santo es real, se nota, se siente, se proyecta. Cuando llegas a un lugar, no importa si es tenebroso porque la luz llega contigo. ¿Te sientes rodeado de gente difícil, mundana, carnal en tu trabajo y deseas salir de allí a toda costa? Ten paciencia, Dios te envió allí porque eres luz y la luz vence las tinieblas. Quédate hasta que se desplomen las fortalezas del enemigo. Debes aprender a vivir consciente de quién eres en Cristo y de que el Todopoderoso habita en tu cuerpo. Esto no es motivo de enorgullecerte sino por el contrario, de hacerte profundamente humilde porque el Dios soberano se rebajó a vivir contigo, por amor. No permitas que el legalismo ni la soberbia se adueñen de ti. Pídele al Espíritu que guíe todos tus proyectos, y vive confiado *"porque mayor es el que está en vosotros, que el que está en el mundo."*[210]

Por eso la invitación es a la comunión con Dios. A asociarte con Él, ya que es tu mejor amigo. A invertir tiempo y recursos en su Reino. Dios quiere usarte para su obra, para que seas instrumento de exaltación de su Nombre, de salvación de muchos. ¡No concibo mayor honor!

Cerremos esta parte con un hermoso ejemplo del poder y del amor de Jesús que nos permitirá repasar todo el proceso hasta acá presentado:

---

[209]   Éxodo 33:14
[210]   1 Juan 4:4

"Entonces Jesús, deteniéndose, mandó llamarle;
y llamaron al ciego, diciéndole: Ten confianza;
levántate, te llama. El entonces, arrojando su capa,
se levantó y vino a Jesús. Respondiendo Jesús, le
dijo: ¿Qué quieres que te haga? Y el ciego le dijo:
Maestro, que recobre la vista. Y Jesús le dijo: Vete,
tu fe te ha salvado. Y en seguida recobró la vista, y
seguía a Jesús en el camino."[211]

Bartimeo estaba completamente ciego. Cuando escuchó que Jesús estaba cerca comenzó a gritar y clamar por su ayuda. Algunas personas que estaban a su alrededor, bastante insensibles a su necesidad y humanidad, lo mandaban a callar para no perturbar a la gente, pero él gritaba más fuerte. Bartimeo sabía que esta era una oportunidad única y no estaba dispuesto a desperdiciarla, aunque no pudiera ver adonde se dirigía el Maestro.

Cuando Jesús percibe su vehemencia, vemos que lo sigue probando porque no se acerca a él, sino que lo manda a llamar. En estos versos se resume todo lo que hemos hablado en esta última parte. Con un toque de Jesús (o de su Espíritu Santo), el proceso explicado en las páginas anteriores ocurre:

- **Despojaos**: la capa de los pordioseros era otorgada por el gobierno romano y era muy valiosa para aquellos que vivían de la caridad. Ella lo protegía de los vientos arenosos de esa zona, del sol en el día y del frío en la noche. Además, la capa lo "certificaba" como mendigo oficial a diferencia de los muchos que pretendían serlo para engañar y robar a los incautos. Pero Bartimeo, al escuchar de parte de sus conocidos que Jesús lo llamaba, se levantó y arrojó su capa. Se deshizo de inmediato de lo que lo separaba de Jesús, a pesar de cuan valiosa

---

[211] Marcos 10:49-52

podría serle. La capa que anteriormente le servía, ahora, en esta nueva fase de su vida (lo supo en su corazón) era un obstáculo, así que debía deshacerse de ella.

De un modo similar muchas personas valoran los supuestos beneficios del pecado considerándolo bueno, conveniente o al menos divertido, pero al acercarnos a Jesús sentimos como esa aparente ventaja es un gran obstáculo y nos deshacemos de ella como el hombre mendicante que no quiere volver jamás a usar sus viejos vestidos.

- **Renovaos:** Bartimeo, aunque ciego, se levantó de inmediato y fue guiado a Jesús. Tenía una solicitud clara para el Maestro: "que recobre la vista." No le pide limosna, trabajo ni ayuda social. Jesús honra su fe y su carácter decisivo, y lo sana. ¿Te imaginas lo que sintió Bartimeo? No sabemos si tenía esposa e hijos, pero si fue así, pudo ver por primera vez sus rostros y los de sus amigos. Pudo contemplar estrellas esa noche y a la luna, a los árboles y las montañas con sus cabras y ciervas. ¡Qué clase de renovación la de Bartimeo! ¿Qué mejor manera de representar la renovación espiritual que devolviéndole la vista a un ciego natural?

La vida de Bartimeo no volvería a ser la misma jamás. Ahora su mente estaba abierta, renovada, podía creer en lo imposible, si tan solo Jesús estaba en la ecuación.

- **Vestíos:** No estamos hablando de un vestir natural relacionado con la manera como lucimos, sino la vestidura interna que nos da Dios. Recuerde que la instrucción de Pablo es *"vestíos del nuevo hombre, creado según Dios en la justicia y santidad de la verdad."* Se refiere a caminar ahora como hijos del Altísimo, como nuevas criaturas que somos, dejando atrás el pasado y expectantes con lo que Dios ha dispuesto en nuestro futuro. Humildes (porque no es un mérito nuestro), pero confiados porque Él nos ama y nos corona con su gracia. Bartimeo comenzó su nueva vida despojado del pecado y renovado en el espíritu de la mejor manera posible: siguiendo a Jesús.

Bartimeo primero se despojó de la capa que lo separaba de su bendición (Jesús), luego fue renovado al Jesús devolverle la vista (natural y espiritual), y para su nueva jornada se vistió de la mejor manera posible: siguiendo a Jesús

---

Y tú, ¿qué estás esperando?

REPASO (léelo en voz alta):

<u>Hoy viviré en mis Alturas por lo que:</u>

- Me **despojo** de la vieja manera de pensar
- Me **renuevo** en el espíritu de mi mente
- Me **visto** de mi nueva naturaleza

Somos acreedores de todo aquello que Jesucristo ya pagó por nosotros en la Cruz. ¡Que nuestras vidas no sean en vano!

Somos espíritu, alma y cuerpo,[212]*¿será sabio que nos guíen el cuerpo o el alma?*

---

[212]   1 Tesalonicenses 5:23

¿CÓMO INTERACTÚAMOS CON EL ESPÍRITU SANTO?

Ser benditos no significa tanto recibir de Dios como conocerlo personalmente...

"La <u>gracia</u> del Señor Jesucristo, el <u>amor</u> de Dios, y la <u>comunión</u> del Espíritu Santo sean con todos vosotros. Amén."[213] (Subrayado mío).

Aunque cada miembro de la Santísima Trinidad (el Padre, el Hijo y el Espíritu Santo) es Dios, y, como tal, es Omnipotente, Omnisciente y Omnipresente, este verso nos muestra que cada Uno de ellos tiene una manifestación sobresaliente o más marcada que en los otros dos. Por ejemplo, más allá de la inteligencia de Cristo para lidiar con sus opositores llenos de malicia, y del inmenso amor que manifestó por la humanidad, sin discriminar nunca a nadie, lo más notorio de la personalidad de Jesús, el Hijo, según esta cita es su gracia. ¿Dónde podemos verificarlo dentro de la Biblia? Muy fácil: en la Cruz del Calvario. ¿Existe acaso mayor gracia que la de Jesús? ¿Aquel que siendo perfecto, se despojó de su realeza y se sacrificó a Si mismo muriendo por la humanidad, con la sola esperanza de que nos

---

[213] 2 Corintios 13:14

reconciliáramos con el Padre?[214] Jesús se entregó en un madero para llevar nuestros fracasos y errores, nuestras enfermedades, nuestras miserias y maldiciones cuando aún éramos enemigos.[215] Murió por ti y por mi antes de que naciéramos, de modo que, aunque hoy podemos rechazarlo como millones lo hacen (algunos con verdadera hostilidad), su gracia sigue disponible para todo aquel que realmente la añore:

> *"Y aquel Verbo fue hecho carne, y habitó entre nosotros (y vimos su gloria, gloria como del unigénito del Padre), lleno de gracia y de verdad.*
>
> *Porque de su plenitud tomamos todos, y gracia sobre gracia.*
>
> *Pues la ley por medio de Moisés fue dada, pero la gracia y la verdad vinieron por medio de Jesucristo."*[216]

En cuanto al Padre, Pablo resalta su amor, refiriéndose a su paternidad e infinito amor:

> *"Porque de tal manera <u>amó</u> Dios al mundo, que ha dado a su Hijo unigénito, para que todo aquel que en él cree, no se pierda, mas tenga vida eterna."*[217] (Subrayado mío)

---

[214] Filipenses 2:5 *"Haya, pues, en vosotros este sentir que hubo también en Cristo Jesús, 6 el cual, siendo en forma de Dios, no estimó el ser igual a Dios como cosa a que aferrarse, 7 sino que se despojó a sí mismo, tomando forma de siervo, hecho semejante a los hombres; 8 y estando en la condición de hombre, se humilló a sí mismo, haciéndose obediente hasta la muerte, y muerte de cruz."*

[215] Romanos 5:10

[216] Juan 1:14, 16-17

[217] Juan 3:16

Probablemente este sea el verso más conocido de la Biblia, sin embargo, con frecuencia lo leemos superficialmente, sin dejar que el mensaje se hunda en nuestros corazones y lo permee. La pregunta es: si alguien te entrega a su hijo, ¿qué más te puede dar u ofrecer? ¿Qué más le puedes pedir a alguien que entregue a su hijo a muerte para que tú vivas? Pablo lo dice de manera contundente:

> *"El que no escatimó ni a su propio Hijo, sino que lo entregó por todos nosotros, ¿cómo no nos dará también con él todas las cosas?"*[218]

El hecho de que el Padre entregó al Hijo nos enseña una verdad casi incomprensible: Dios valoró tenernos junto a Él tanto como estar con Jesús.

> *"No quisiste el cielo sin nosotros,*
> *Entonces Jesús, Tú trajiste el cielo abajo."*

Brook Fraser y Ben Fielding, Hillsong.[219]

> *"Mas Dios muestra su amor para con nosotros, en que siendo aún pecadores, Cristo murió por nosotros."*[220]

Sin embargo, la cualidad que más me impacta de cada persona de la Trinidad, es aquella que Pablo resalta como la más manifiesta del Espíritu Santo: La Comunión. Me maravilla y me hace caer de rodillas, porque nos muestra que Dios mismo, el Creador de

---

[218] Romanos 8:32

[219] Traducción libre: la cancion dice; "You didn't want heaven without us, so Jesus, you brought heaven down..." Esta canción fue escrita por el grupo australiano de alabanza y adoración Hillsong, específicamente por Brook Fraser y coescrita con Ben Fielding.

[220] Romanos 5:8

los Cielos y del universo, en la forma del Espíritu Santo, anhela tener amistad, cotidianidad, una relación con nosotros, no en el cielo cuando partamos sino ahora mismo, aquí en la tierra. Comunión (unión común) es una relación diaria, continua, del día a día; consultándole cada decisión, conversando, estando atento a Él, adorándolo. Comunión es sinónimo de profunda intimidad.

Creo que vale la pena meditarlo un poco para desmenuzar lo que esto significa:

- El Dios Todopoderoso Creador del Cielo y de la tierra, el originador del tiempo y dueño de todo el universo, está sumamente interesado en ti. No como un ser humano más, no solamente como parte de su pueblo, sino como individuo, como persona natural y única.
- Uno de los nombres bíblicos del Señor es El-Roi, que significa "El Dios que me ve."[221] La relación de Dios con su pueblo es corporativa, colectiva, pero también individual. Así como un padre o madre se reúne y trata con sus hijos juntos, pero también lo hace a solas, para conversar, animar, corregir y aconsejar, así lo hace el Espíritu. Él tiene esa capacidad.
- Dios también te escucha, no solo te ve.[222]
- Jesús murió por todos, pero también lo hubiera hecho solo por ti, así de grande es su amor. ¿Harías algo por tres de tus hijos que no harías por solo uno de ellos?
- El Espíritu Santo, quien es la manifestación viva de la Presencia de Dios en la tierra, quiere desarrollar una íntima amistad con su hijo amado: Tú.
- Ese Espíritu Santo te recuerda lo que estudias en la Biblia y te enseña lo que, por tu propio intelecto, no

---

[221] Génesis 16:13

[222] Salmos 65:2 *"Tú oyes la oración; A ti vendrá toda carne."* Ver también Salmos 54:2; Proverbios 15:29

lograrías entender. No solo es tu amigo, es un Maestro personalizado, que conoce tu corazón, que te ama, que es sabio y sabe exactamente lo que necesitas para avanzar en victoria. El mismo Jesús nos lo anuncia:

> *"Mas el Consolador, el Espíritu Santo, a quien el Padre enviará en mi nombre, él os enseñará todas las cosas, y os recordará todo lo que yo os he dicho."*[223]

- Ese Espíritu Santo se manifiesta como un Padre para el que lo busca con anhelo y sencillez de corazón:

> *"No os dejaré huérfanos; vendré a vosotros."*[224]

El **Padre**, en su **amor**, te creó con libre albedrío y luego envió a su hijo unigénito a morir por ti y por mí.

El **Hijo** llevó sobre Si todos nuestros errores porque donde abundó el pecado, sobreabundó su **gracia** y ahora somos perdonados.

El **Espíritu Santo** es la manifestación de Dios en tu vida, y anhela mudarse para vivir en ti, guiarte, tener **comunión** diaria contigo.

> *"La gracia del Señor Jesucristo, el amor de Dios, y la comunión del Espíritu Santo sean con todos vosotros. Amén."*[225] (Subrayado mío).

---

[223]   Juan 14:26

[224]   Juan 14:18

[225]   2 Corintios 13:14

REPASO (léelo en voz alta):

- El Espíritu Santo es Dios, tanto como el Padre y el Hijo
- Él quiere comunión diaria conmigo
- Él me ama, me enseña y recuerda todas las cosas

"¿O pensáis que la Escritura dice en vano: El Espíritu que él ha hecho morar en nosotros nos anhela celosamente?" Santiago 4:5

Padre, que mi mente limitada no impida que obres en mí, ni a través de mí

LA BENIGNIDAD DE DIOS PARA CON NOSOTROS

Cuando Pilato dudaba respecto a llevar a Jesús a la muerte, debatiéndose bajo la presión política que le causaban por un lado los fariseos con el sumo sacerdote, por el otro sus superiores dentro del gobierno romano y, por último, su propia esposa quien como había *"padecido mucho en sueños por causa de él [Jesús]"*[226] le rogaba que no matase al Rabí, tuvo una gran idea que pensó lo libraría del dilema: Debido a la antigua costumbre que le permitía indultar a un preso durante la Pascua, pensó que si invitaba al pueblo a un mini plebiscito entre Jesús (quien para Pilato no era más que un rabí idealista y un poco trastornado), y Barrabás (un reconocido salteador y sedicioso, sospechoso de asesinato), la gente escogería condenar a este último. Como todos sabemos, no fue así, para gran sorpresa del gobernante. Al momento en que Pilato apuntó su mano hacia Jesús, el pueblo, influenciado por el liderazgo religioso, no cesó de gritar: "¡Crucifícalo!"

---

[226] Mateo 27:19b

Permíteme hacerte ahora una pregunta tonta: ¿Qué crees que pensó Barrabás en ese momento, al verse librado?[227] ¿Será que se puso triste por Jesús? ¡Claro que no! Seguramente se puso muy feliz al verse librado de la muerte. Estaba preso por ser un criminal, no por defender los derechos humanos de las minorías ni la libertad de culto religioso en Roma.

Aunque a todos nos gustaría que casos como este pertenecieran solo al pasado, existen múltiples historias de personas inocentes que han sufrido largas condenas, siendo liberadas muchos años después, cuando se descubre que fue alguien más quien cometió el crimen del cual fueron acusados. Del mismo modo muchas personas, debido a la educación que recibieron en su casa y a la cultura particular en la que crecieron, les asignan a Dios atributos que Él no tiene. Así como Jesús fue acusado inocentemente mientras el verdadero responsable se ríe al "salirse con la suya", cada vez que nosotros le atribuimos a Dios características y cualidades negativas que Él no tiene, nuestro adversario el diablo, se ríe y se sale con la suya. Jesús vino a deshacer las obras del diablo, pero muchas personas, sin discernir ni evaluar lo que nos dicen las Escrituras, le acreditan a Jesús las obras del enemigo. Por ejemplo, en una oportunidad escuché a un pastor muy querido decirle a su congregación que a él no le gustaba descansar por lo cual Dios, cuando quería que hiciera una pausa para reflexionar o planificar algo, "lo metía una semana enfermo en cama y así descansaba." Otra persona muy cercana a mí y que murió de cáncer de pulmón por fumar excesivamente durante muchos años, me llamó al momento de ser informada por el médico respecto a una mancha oscura en su pulmón, y me dijo: "¿Por qué Dios me hace esto?" Lo mismo suele suceder (y es totalmente entendible) cuando alguien pierde

---

[227] El nombre Barrabás parece ser una derivación de Bar (Hijo) y Abba (Papi), lo cual nos llevaría al nombre "hijo de su padre" (o de su papito, para ser más exactos). Creo que representa a la humanidad que es hija de su Padre, es decir a ti y a mí.

a un ser querido o cuando vemos a quien nos parece una buena persona morir víctima del abuso de quien nos parece una mala persona (como cuando Caín mató a Abel). En otros casos, le clamamos a Dios por un trabajo del cual nos vemos urgidos y al no percibir respuesta, nos enojamos con Él. También puede ocurrir esto cuando vemos a nuestro cónyuge darnos la espalda o a ese hijo, en quien invertimos tanto amor, descarriarse. Todos estos son sentimientos genuinos y seguramente todos hemos pasado a través de momentos difíciles que nos han hecho sufrir mucho, y en los cuales es posible que nos quejemos de Dios.

Otro rasgo de carácter que algunas religiones le atribuyen a Dios es el de ser manipulable o susceptible a la lástima (que es diferente de la compasión). Así, en el momento cuando necesitamos algo o le pedimos su intervención con todo nuestro corazón, tratamos de atraer su atención sufriendo, si, sufriendo: Caminamos grandes distancias o más aún, las recorremos de rodillas; subimos escalinatas que nos causan dolor y sufrimiento; cargamos una pesada procesión y aquellos un poco más radicales, pueden llegar a flagelarse el cuerpo, ¿por qué? ¿Caminan de rodillas tus hijos para que les concedas lo que necesitan o desean? ¿Los haces sufrir antes de bendecirlos? Por supuesto que no, pero en nuestra desesperación, en medio de nuestro deseo de ser dioses y guiar nuestro futuro, forzando las cosas que deseamos que pasen, procuramos manipular a Dios. Estamos tan aferrados a nuestra voluntad que intentamos que Dios "doble el brazo" porque le damos lástima. Pero te tengo noticias: ¡No funciona! Dios tiene compasión de nosotros, jamás lástima.

Por otro lado, existen aquellos que, en su legalismo y justicia personal, le atribuyen un carácter vengativo a Dios que es completamente humano y carnal. Quizás hayas escuchado alguna vez la absurda explicación de por qué se hundió el Titanic. Al parecer algún representante de la empresa fabricante afirmó orgullosamente que a esta nave: "ni siquiera Dios podría hundirla." Debido a esto (según algunos), Dios se enojó y la hundió. Pero ¿cómo puede ser esto posible? ¡Que poco más de mil quinientas personas fallecieron ahogadas o por hipotermia debido a la ira de Dios contra la persona que lo ofendió! Quizás esa persona ni siquiera estaba en el barco. ¿Así ves tú al corazón de Dios? La pregunta que me hago es: ¿de dónde concluimos que Dios es así? Si Jesucristo llevó sobre Sí mismo nuestras enfermedades, ¿cómo concluimos que Él nos enferma? Santiago pregunta algo elemental: *"¿Acaso alguna fuente echa por una misma abertura agua dulce y amarga?"*[228] ¿De dónde surge esta incoherencia? En el sermón del monte, Jesús afirma:

> *"Qué hombre hay de vosotros, que si su hijo le pide pan, le dará una piedra? ¿O si le pide un pescado, le dará una serpiente?*
>
> *Pues si vosotros, siendo malos, sabéis dar buenas dádivas a vuestros hijos, ¿cuánto más vuestro Padre que está en los cielos dará buenas cosas a los que le pidan?"*[229]

Si tu hijo se equivoca en una decisión, ¿le mandarías un cáncer? ¿Lo haces caminar de rodillas por toda la casa para implorarte por alimento cuando tiene hambre? ¿Hundirías un barco lleno de gente solo porque el dueño de la naviera te insultó? La única manera de deshacernos de esta basura intelectual que nos separa de Dios y que indirectamente glorifica a nuestro adversario, es conociendo cada día un poco más de Dios, nutriendo una constante relación con el Espíritu Santo, de modo que se nos revele y nos muestre su perfecto y amoroso corazón. Quisiera compartirte amigo lector, tres elementos que espero en Dios,

---

[228] Santiago 3:11
[229] Jesús en Mateo 7:9-11

cambien la imagen deformada que algunas personas tienen respecto a nuestro Creador y Dios:

- Primero: Dios es benigno, siempre
- Segundo: Dios solo quiere tu bien
- Tercero: Necesitas entenderlo de corazón

1. DIOS ES BENIGNO. SIEMPRE:

De acuerdo con las Escrituras, Dios no solo actúa siempre benignamente, sino que Él es benigno. Más que amar, Él es amor. Su naturaleza es amar y hacer el bien. Su corazón no está dividido ni sus sentimientos fluctúan. Él es absolutamente consistente y fiel a Su ser. Veamos algunas citas que describen este aspecto extraordinario de la naturaleza del Creador:

> *"Este es el mensaje que hemos oído de él, y os anunciamos: Dios es luz, y no hay ningunas tinieblas en él."* (Subrayado mío)[230]

> *"Amados hermanos míos, no erréis. Toda buena dádiva y todo don perfecto desciende de lo alto, del Padre de las luces, en el cual no hay mudanza, ni sombra de variación."*[231] (Subrayado mío)

> *"Jesucristo es el mismo ayer, y hoy, y por los siglos."*[232]

Desmenucemos esto un poco:

- Dios es luz y no hay tinieblas en Él.
- Toda dádiva (regalo) y todo talento desciende del Padre.

---

[230] 1 Juan 1:5
[231] Santiago 1:16-17
[232] Hebreos 13:8

- En Dios no hay mudanza (cambio) ni sombra de (la más mínima) variación. Su amor y fidelidad son constantes, inalterables, incondicionales.

¿Qué nos dice todo lo anterior? Tres cosas esenciales para nuestra fe:

1. Que Dios es supremamente bueno y generoso.
2. Que Dios es supremamente bueno y generoso <u>siempre</u>.
3. Que Dios no causa ningún mal.

Dios no varía según las emociones, de acuerdo con las circunstancias ni dependiendo del pie con el que se levantó. En Él no hay sombra de variación. No amanece los lunes con menos ánimo que los sábados. En Él no hay mudanza. No cambia de opinión. Él no dice hoy "Yo te bendeciré con abundancia" y luego, porque cometiste un error, se arrepiente y te dice: "ya no." Es imperativo que entendamos que su fidelidad es incondicional. Él cumple lo que dice, siempre. Lo que ha hablado en su Palabra es la verdad eterna. Por eso se atrevió a revelar los principios de su corazón en las Escrituras; dejar por escrito su pensamiento como quien deja un testamento que todos puedan leer. La Biblia es un libro eterno, no pasa de moda, no fluctúa porque contiene la omnisciencia del Dios. El mundo evoluciona o involuciona según los nuevos descubrimientos, así como según los cambios en la tecnología. Dios tiene todo el conocimiento y es eterno; de hecho, está fuera del tiempo porque Él lo creó al crear el mundo. Él no está en proceso de evolución ni cambio; no está siendo transformado ni aprendiendo nada nuevo porque no existe nada nuevo para Él. Conoce todo el pasado, el presente y el futuro, ¿por qué cambiaría?

Cuando tú desconoces este precioso atributo del corazón de Dios (que Él es benigno siempre) o simplemente no puedes creerlo debido quizás a circunstancias que has vivido y no entiendes por qué, es probable que se te haga difícil adorarlo, que ores solo de vez en cuando, y que tu fe fluctúe dependiendo de las circunstancias.

Pero cuando tu entiendes y crees de corazón que Él es benigno siempre, puedes exaltarlo a pesar de las circunstancias, puedes presentarte a orar con fe porque sabes, con absoluta certeza, que Él está atento a tus necesidades y solo quiere tu bien. Siempre. Por eso el salmista cantaba frases como:

> *"Bendeciré a Jehová en todo tiempo; Su alabanza estará de continuo en mi boca."*[233]

> *"Cada día te bendeciré,*
>
> *Y alabaré tu nombre eternamente y para siempre."*[234]

Bendecimos a Jehová en todo tiempo porque sus maravillosos atributos no dependen de las circunstancias no varían. Puedo estar enfermo, en quiebra o muy deprimido, pero Él sigue siendo Dios. Puede estarme yendo bien o mal, disfrutando de éxito o fracaso. Nada de eso altera quien Él es.

2. DIOS SOLO QUIERE TU BIEN:

Hasta hace algunos años yo de algún modo intuía, sin haberlo analizado apropiadamente, que el Dios del Antiguo Testamento era un poco más "rudo" que el Dios del Nuevo, gracias a la llegada de la Gracia con la encarnación de Jesucristo. Al ver la dureza de la Ley que apedreaba a la adúltera y compararla con el "yo tampoco te condeno" de Jesús, podemos confundirnos y pensar que hay un Dios del antes y un Dios del ahora, como

---

[233]   Salmos 34:1
[234]   Salmos 145:2

que Dios hubiese evolucionado, pero la verdad es que Jesús es el mismo ayer, hoy y siempre.[235] Para demostrártelo quiero presentarte primero lo que Dios le dice a Moisés en el libro de Deuteronomio (parte de la Ley o Torá), luego lo que le dice a uno de sus mayores profetas: Isaías, y, por último, la manera que Pedro resume en un verso la gloriosa obra de Jesús. Así tendrás un verso de la Ley, uno de los Profetas y uno del Nuevo Testamento, sin embargo, hay muchísimos más. El amor de Dios por la humanidad es tangible y palpable a todo lo largo de las Escrituras, desde el primer verso (Génesis 1:1) hasta el último (Apocalipsis 22:21)

En la primera historia que les quiero narrar, el pueblo de Israel estaba en el desierto, aterrado por haber oído la voz de Dios y haber visto las manifestaciones de su poder. Por eso le proponen algo astuto a Moisés: *"Acércate tú, y oye todas las cosas que dijere Jehová nuestro Dios; y tú nos dirás todo lo que Jehová nuestro Dios te dijere, y nosotros oiremos y haremos."*[236] En otras palabras, estaban asustados porque pensaban que, si oían directamente la voz de Dios siendo indignos, morirían. Bueno, a Jehová le pareció bien y entonces, nuestro amoroso Padre se imagina por un momento a un pueblo obediente, bendito y lleno de bien en cada generación. Por eso le abre su corazón de Padre a Moisés, y le dice estas hermosas palabras respecto al pueblo:

> *"¡Quién diera que tuviesen tal corazón, que me temiesen y guardasen todos los días todos mis mandamientos, <u>para que a ellos y a sus hijos les fuese bien para siempre</u>!"*[237] (Subrayado mío)

¿Puedes percibir en esa frase su alma paternal soñando con el bien de sus hijitos y nietos? Es como cuando oímos al esposo decirle a

---

[235]   Hebreos 13:8

[236]   Deuteronomio 5:27

[237]   Deuteronomio 5:29

la esposa: "¿te imaginas si Rafael fuera más disciplinado? Es tan bueno en los deportes, ¿qué no lograría si entrenara a diario?" O la madre al esposo refiriéndose a la hija adulta de ambos: "Con todo el dinero que ha ganado Ana, ¿dónde estaría si no lo hubiera malbaratado tanto?" Y la lista puede ser muy larga: "¿Te imaginas donde estaría Raquel si fuera libre de esa adicción, William de ese mal carácter o Vanesa de esa enfermedad?

Dios está imaginando lo bien que estarían sus pequeños si guardasen sus instrucciones para alcanzar la verdadera plenitud de vida, no solo para ellos sino para todas sus generaciones. Ese es su verdadero corazón, en el Antiguo Testamento, en el Nuevo y por los siglos de los siglos. El anhelo del Padre es inmutable, no cambia, y tú eres su hijo. No hay mayor deseo en el alma de Dios que tu bienestar, tu paz, y que su Espíritu Santo pueda reposar en ti y convivir contigo. Cada día.

El anhelo del Padre es inmutable, no cambia, y tú eres Su hijo.

Ahora bien, quizás te estés preguntando cómo es eso posible, y cómo se reconcilia esa paternidad con todas las circunstancias que tú has sufrido. Mi punto es que Dios nos ama y anhela que vivamos de la forma que Él, nuestro Creador, planeó. Fuimos diseñados de una manera única para ser felices solamente a través de una relación íntima con Dios. Por eso acá Jehová claramente expresa "si me temiesen y guardasen todos los días todos mis mandamientos." No es algo que tú puedes tener a menos que provenga directamente de Él y vivas apegado a Él. De eso se trata este libro.

Y si nos movemos a los escritos de los Profetas, vemos como su más grande exponente, Isaías, nos muestra de parte de Dios, el compromiso que el Señor ha asumido para sus hijos, para su pueblo:

> *"Oídme, oh casa de Jacob, y todo el resto de la casa de Israel, los que sois traídos por mí desde el vientre, los que sois llevados desde la matriz.*
>
> *Y hasta la vejez yo mismo, y hasta las canas os soportaré yo; yo hice, yo llevaré, yo soportaré y guardaré."*[238] (Subrayado mío)

Es una simple promesa que podríamos parafrasear: "Yo Jehová te creé desde el vientre de tu madre y me encargaré de ti hasta tu vejez." Me encanta la secuencia: Yo te hice y, por lo tanto, te llevaré. Y mientras te llevo por la vida, te soportaré. Esta palabra "soportar" tiene dos connotaciones. Por un lado, te daré soporte, te sostendré; por el otro, soportaré tus quejas y malcriadeces. A pesar de que muchas actúas de una manera malagradecida y aún con desprecio me culpas, estoy comprometido contigo porque eres mío, porque yo te diseñé. Y además te guardaré, lo que no solo se refiere a una protección general sino más bien como quien protege a un tesoro, estando siempre atento y vigilante. Tú y yo somos preciosos para el Creador del universo y Él ha prometido llevarnos, soportarnos y guardarnos. Dios no solo es benigno, es poderoso y quiere tu bien, tu éxito, tu paz; no solo la del pueblo, la tuya como persona, como individuo, seas quien seas, vengas de donde vengas, aunque hayas caído tan bajo como alguien pueda caer. Ya Jesús nos dio la mejor de todas las noticias: *"...al que a mí viene, no le echo fuera."*[239]

Pero también en el Nuevo Testamento podemos ver este mismo amor incontenible y lleno de ternura. En el libro de los Hechos,

---

[238] Isaías 46:3-4

[239] Jesús en Juan 6:37b

el cual cuenta la historia de los comienzos de la Iglesia de Cristo o como algunos la llaman, la Iglesia primitiva, narra un episodio donde Pedro le está hablando a los gentiles, como se les llamaba a los no judíos. Veamos como Pedro exalta al Maestro, pero a la vez resume la misión del Mesías:

> *"cómo Dios ungió con el Espíritu Santo y con poder a Jesús de Nazaret, y cómo éste anduvo haciendo bienes y sanando a todos los oprimidos por el diablo, porque Dios estaba con él."*[240] (Subrayado mío)

Jesús hizo tres cosas en su ministerio como hombre: Anunciar el Reino, sanar a los enfermos y liberar a los oprimidos por el diablo. Me encanta la frase "como éste anduvo haciendo bienes y sanando a los oprimidos." Dios es bueno, ¡siempre! Solo lo vemos una vez maldiciendo a un árbol de higuera, pero eso con el fin de demostrar el poder que tenemos en nuestra boca. Nunca maldijo a hombre alguno, bueno ni malo, noble o plebeyo, rico ni pobre, judío ni gentil, santo o pecador, hombre ni mujer, anciano ni niño. Bendijo a los que se le oponían e intercedió ante el Padre por los que le crucificaban. Fue a la cruz como oveja al matadero y permaneció en obediencia aun cuando pudo detenerlo todo. Hasta un hombre con sus manos manchadas de sangre, como Pilato juzgó: *"¿Pues qué mal ha hecho éste? Ningún delito digno de muerte he hallado en él; le castigaré, pues, y le soltaré."*[241] Si eso no fuera suficiente, uno de los malhechores que crucificaron junto al Señor, antes de arrepentirse y rogarle por su salvación, le dijo al otro criminal y refiriéndose a Jesús: *"...mas éste ningún mal hizo."*[242]

Algo para reflexionar antes de cerrar este punto, es el hecho de que los milagros de Jesús relatados en los Evangelios son

---

[240] Hechos 10:38

[241] Lucas 23:22b

[242] Lucas 23:41b

apenas una fracción realmente pequeña de los que Él hizo, algo así como un catálogo de muestras para que veamos que no solo sanó a ciegos, restauró mancos, limpió leprosos y abrió los oídos de sordos sino que también liberó a diferentes formas de endemoniados y resucitó muertos, pero el apóstol Juan aclara en el último verso del Evangelio que lleva su nombre: "*Y hay también otras muchas cosas que hizo Jesús, las cuales si se escribieran una por una, pienso que ni aun en el mundo cabrían los libros que se habrían de escribir.*"[243] (Subrayado mío)

Cuando tú desconoces o no crees que Dios siempre y sinceramente desea tu bien, primero te atribuyes los éxitos a ti mismo, pocas veces a Dios. Por otro lado, comienzas a creer en una salvación condicionada; en una salvación que depende de ti. Cuando crees estar haciendo todo bien, te sientes alineado con Dios, pero cuando metes las patas, te crees un fracaso o te sientes separado de Él. La verdad es que su amor es absolutamente incondicional y que no hay nada que puedas hacer para que Dios te ame más de lo mucho que te ama ya. Lo que Jesús te regaló no fue simpatía de vecino, fue identidad de hijo, y cuando el hijo se equivoca, los padres lo corrigen, pero jamás dejan de amarle.

Cuando tu entiendes y crees de corazón que Él es bueno siempre, sabes que las circunstancias no te definen y que, de cada caída, Él te levanta. Comprendes también que, como cualquier otra persona, puedes pasar por un mal momento pero que eso no ataca tu identidad, no anuncia tu fin ni te define, porque Él está atento a ti. Además, cuando entiendes que Dios te ama y desea tu bien, y te acercas para orar, sabes que tu buen Padre está cien por ciento atento a tus necesidades; que Él te escucha y que te ama. De ese modo tu fe se incrementa vertiginosamente. Eres un hijo hablándole a tu buen Papá; adorándolo, pidiéndole e intercediendo por otros delante de Él. Ya lo dejó bien claro el

---

[243] Juan 21:25

apóstol Pablo: "Acerquémonos, pues, confiadamente al trono de la gracia, para alcanzar misericordia y hallar *gracia para el oportuno socorro.*"[244]

...y cuando el hijo se equivoca, los padres lo corrigen, pero jamás dejan de amarle.

---

3. NECESITAS ENTENDERLO DE CORAZÓN:

Ahora bien, muchas personas afirman y dicen reconocer que Dios es bueno, que es perfecto y que está lleno de amor, pero con otros, hacia otros, por otros... Creen que Jesús hace milagros, pero para sanar a los demás, no a ellos. Han escuchado que es un Buen Pastor que prospera, pero solamente a otros. Probablemente no lo reconozcan así pero simplemente se les hace imposible creer que las Escrituras aplican para ellos. Por eso quiero mostrarte algunos ejemplos específicos de Juan el Bautista, el rey David y el músico Asaf. Estos tres hombres entendían que todo lo bueno que venía a sus vidas tenía una única y generosa fuente: Dios.

Por ejemplo, cuando los discípulos de Jesucristo comenzaron a bautizar, los seguidores de Juan el Bautista se preocuparon, y fueron a manifestarle a Juan que todos sus fans se estaban mudando al equipo del Rabí al otro lado del río. Estaban preocupados porque después de alcanzar el pico de su fama, ésta ahora estaba decayendo. La respuesta de Juan es muy reveladora:

"Respondió Juan y dijo: No puede el hombre recibir nada, si no le fuere dado del cielo."[245]

---

244 Hebreos 4:16
245 Juan 3:27

¡Qué poderosa afirmación! Juan les estaba diciendo: lo que hemos disfrutado acá, este tiempo en el que hemos tenido el privilegio de bautizar a muchos arrepentidos y predicarles a todos, viene del cielo. No es algo que nos hallamos ganado por nuestras virtudes sino es un regalo que proviene de Dios. No se trata de ustedes ni de mí. Él debe crecer y yo debo menguar.

El rey David, por su parte, había descubierto el mismo secreto alrededor de unos mil años antes:

> *"Oh alma mía, dijiste a Jehová: Tú eres mi Señor;*
> *No hay para mí bien fuera de ti."*[246] (Subrayado mío)

Si Dios es el Señor de tu alma (Aquel quien gobierna en tus sentimientos, pensamientos y voluntad), nada bueno llegará a tu vida a menos que venga de Él. El rey estaba reconociendo que Jehová era la única fuente de todo el bien que disfrutaba en su vida (que en el caso de David era muchísimo), a la vez que indirectamente renunciaba a lo que no venía del Padre. Podemos parafrasearlo como: "Nada bueno tengo que no venga de Ti Señor. No quiero lo que el mundo puede ofrecerme a menos que Tú lo apruebes Padre."

Y también el salmista Asaf afirma, en otro Salmo, el complemento perfecto del verso que acabamos de comentar:

> *"¿A quién tengo yo en los cielos sino a ti? Y fuera*
> *de ti nada deseo en la tierra."*[247] (Subrayado mío)

Estos tres grandes hombres concuerdan perfectamente. El origen de lo natural está en lo espiritual. Por eso Pablo afirma que: *"Por la fe entendemos haber sido constituido el universo por*

---

[246] Salmos 16:2
[247] Salmos 73:25

la palabra de Dios, de modo que lo que se ve fue hecho de lo que no se veía."[248] (Subrayado mío). Toda la creación fue primero un pensamiento en la mente del Creador. Dios está en los cielos, pero desde allá envía sus bendiciones a la tierra. (Toda buena dádiva...desciende de lo alto...). David claramente desprecia y rechaza todo lo que no viene aprobado por Dios, ¿por qué? Porque sabía que lo que Dios le envía es bueno, beneficioso para él y los suyos, y que lo que Dios no le permite o aparta de él, no es conveniente y por lo tanto es preferible no tenerlo. David entendía que Dios es siempre bueno, siempre generoso, y que, al conocer verdaderamente nuestros corazones, nuestros propósitos y además el pasado, el presente y el futuro, es el único que realmente sabe, en cada situación, lo que nos conviene y lo que no.

Ahora bien, si no creemos de corazón que Dios tan solo quiere lo bueno y lo mejor para nosotros, podemos terminar cometiendo el error de Eva y Adán, cuando Satanás los hizo dudar de la benevolencia de Dios. Ambos pensaron que quizás Jehová les estaba negando algo. El razonamiento es: "si Dios no me da todo lo que quiero y considero bueno para mí" o, por el otro lado, "si Dios permite circunstancias que no me agradan porque no las quiero ni considero buenas para mí", entonces "¿por qué debería yo obedecer todo lo que Él ordena?" Esta mentalidad borra la clara línea entre el bien y el mal, volviéndola confusa, nublada, borrosa. Por eso muchos creyentes continúan aceptando secreta o inconscientemente que el pecado (o al menos algunos de ellos como por ejemplo el chisme, la fornicación o la mentira), son justificables, no son necesariamente dañinos e incluso que proporcionan algún beneficio, llegando a la conclusión (totalmente antibíblica y anticristiana) de que esos errores no ofenden a Dios. Debido a esto, se acostumbran a ellos e imperceptiblemente estas prácticas son incorporadas a sus vidas.

---

[248] Hebreos 11:3

El impacto realmente destructivo del dudar de la completa y absoluta benignidad de Dios es que nuestra relación se torna tibia. Oramos, pero no tenemos la certeza de que nos escucha. Cuando algo sale bien, no sabemos si ese bien proviene de Él, de nuestras habilidades y astucia, o simplemente del azar. Perdemos la fe ya que le pedimos dudando, porque desconocemos su voluntad que es *"buena, agradable y perfecta."*[249]

Pero si creemos que Dios puede y quiere bendecirnos a toda costa, entonces estudiamos su Palabra para saber lo que no le gusta, así como las promesas que tienen para nosotros. Oramos con la certeza de que está a nuestro lado escuchando atentamente, y poco a poco nos hacemos libres de la esclavitud del pecado, gracias a la preciosa obra del Espíritu Santo en nosotros.

¿Aún no estás convencido de su amor para ti? Lee esta promesa que Dios te da a través del profeta Isaías:

> *"¿Se olvidará la mujer de lo que dio a luz, para dejar de compadecerse del hijo de su vientre? Aunque olvide ella, yo nunca me olvidaré de ti.*[250]

Recíbelo, acéptalo, digiérelo, porque es para ti…

---

249 Romanos 12:2b
250 Isaías 49:15

"RECONCILIAOS CONMIGO"

Firma: **Dios**

No encuentro mejor manera de cerrar este capítulo sobre la benevolencia de Dios, que con un versículo de Pablo de su segunda carta a la iglesia ubicada en Corinto:

> *"Así que, somos embajadores en nombre de Cristo, como si Dios rogase por medio de nosotros; os rogamos en nombre de Cristo: Reconciliaos con Dios."*[251] (Subrayado mío)

Así como un buen padre amoroso ruega a su hijo o hija descarriado que regrese; así como el padre del hijo pródigo esperaba paciente pero anhelante el regreso de su chico que había partido en mala dirección,[252] así mismo Dios clama hoy a ti: ¡Reconcíliate conmigo!

Él te anhela y espera el maravilloso momento en que cambies el rumbo de adonde sea que te diriges, hacia Él. Solo así puede Dios darte la vida abundante que preparó para ti, que puso en

---

[251] 2 Corintios 5:20

[252] Lucas 15:20 (Si deseas conocer toda esta parábola de Jesús, lee desde el verso 11 al 32)

tu alma y por la que Jesús murió en la cruz. Ese maravilloso momento puede ser ahora, si lo deseas:

> *"Porque de tal manera amó Dios al mundo, que ha dado a su Hijo unigénito, para que todo aquel que en él cree, no se pierda, mas tenga vida eterna. Porque no envió Dios a su Hijo al mundo para condenar al mundo, sino para que el mundo sea salvo por él."*[253]

---

[253] Juan 3:16-17

No hay mejor amigo ni mayor honor que aceptar del Espíritu Santo Su amistad y ser con Él Íntimos

EL ESPÍRITU SANTO ES NUESTRO AMIGO FIEL

Como un padre o madre que antepone el bienestar de su hijo pequeño al propio, así actúa el Espíritu Santo con nosotros. Por eso es el Único Amigo en quien podemos confiar porque no busca su propio interés.

En una oportunidad Pablo se llevó una terrible decepción. Tenía una defensa legal de las muchas que le siguieron, en las cuales con frecuencia su vida estaba amenazada o, al menos, su libertad y bienestar. En esta oportunidad el apóstol, al presentarse para el juicio, probablemente se impactó al percatarse de que ni tan solo uno de sus muchos discípulos o seguidores estaba allí para apoyarlo. Ni siquiera alguno de los más cercanos. ¡Nadie! Veamos la narración que el mismo apóstol hace a Timoteo, su muy querido discípulo que en ese momento estaba lejos:

> *"En mi primera defensa ninguno estuvo a mi lado, sino que todos me desampararon; no les sea tomado en cuenta."*[254]

¿Te imaginas la decepción? Pablo se había entregado en cuerpo y alma para el servicio apostólico a otros. Había sacrificado

---

[254]   2 Timoteo 4:16

muchísimas cosas incluyendo quedarse soltero para enfocarse en lo más importante: la predicación del Evangelio. Y ahora que se enfrentaba a esta difícil situación, nadie, ni uno solo de los que conocieron a Cristo a través de su predicación y servicio, lo apoyó. Sin embargo, vemos en su reacción que Pablo era un hombre guiado por el Espíritu Santo porque, lejos de manifestar amargura o enojo, les desea bien y ora por esos que no lo apoyaron: "no les sea tomado en cuenta." En otras palabras: "Me fallaron, pero no importa, no permitiré que mi alma albergue resentimiento ni queja."

Pero luego agrega por qué estuvo tan tranquilo y cómo se sintió protegido en medio de tan difícil y peligrosa situación:

> *"Pero el Señor estuvo a mi lado, y me dio fuerzas, para que por mí fuese cumplida la predicación, y que todos los gentiles oyesen. Así fui librado de la boca del león."*[255]

En otras palabras, todos lo abandonaron excepto Uno: El Señor, el Espíritu Santo quien estuvo a su lado para varias cosas:

1. Acompañarlo (estuvo a mi lado)
2. Darle fuerzas (aliento, ánimo)
3. Apoyarlo para que se cumpliese la predicación a los gentiles (propósito)
4. Librarlo de la boca del león (sus adversarios)

El Espíritu Santo es Amigo fiel de los que le buscan. Cómo explicamos al principio de este libro, al invitar a Jesucristo a tu vida, el Espíritu Santo se muda a ti, y tú te conviertes en su templo. Su infinito amor te fortalece en los momentos de decepción que todos padecemos. La verdad es que nadie logra

---

[255]   2 Timoteo 4:17

algo realmente grande y trascendente sin sufrir de alguna oposición, y muchas veces esta se manifiesta en la forma de traición de alguien en quien confiamos y a quien amamos y admiramos.

El diccionario de la Real Academia de la Lengua Española define decepción como: "Pesar causado por un desengaño."[256] En otras palabras, estamos confiados respecto a una situación o persona, y repentinamente nos percatamos que estábamos engañados. La pareja que creíamos nos amaba, nos es infiel; el coach del equipo nos expulsa sin justificación alguna; un jefe en quien confiábamos nos bloquea una promoción; un hijo nos abandona; un padre o madre parece apostarle más al equipo contrario que a nosotros…

Quizás el ejemplo más dramático de la historia sea la traición de Judas. Vender al Maestro con quien había caminado durante tres años por treinta piezas de plata (el precio de compra de un esclavo en ese tiempo). Pero solo el Espíritu Santo de Dios puede hacer que, aunque conociendo de antemano su traición, al presentarse Judas en el huerto de Getsemaní, el Señor le llame amigo:

> *"Mientras todavía hablaba, vino Judas, uno de los doce, y con él mucha gente con espadas y palos, de parte de los principales sacerdotes y de los ancianos del pueblo.*
>
> *Y el que le entregaba les había dado señal, diciendo: Al que yo besare, ése es; prendedle.*
>
> *Y en seguida se acercó a Jesús y dijo: ¡Salve, Maestro! Y le besó.*

---

[256] https://dle.rae.es/?id=BvxRtNt

Y Jesús le dijo: <u>Amigo, ¿a qué vienes?</u> Entonces se acercaron y echaron mano a Jesús, y le prendieron."[257] (Subrayado mío)

¿Crees que Jesús actuó hipócritamente al llamarlo "amigo"? ¿Será que estaba pensando algo como: "pronto me las pagarás"? Por supuesto que no. Jesús no es sarcástico, irónico ni mucho menos, hipócrita. Él es totalmente genuino y lo que leemos acá es que muestra su vulnerabilidad y no oculta su amor aún por aquel que lo vende.

Si has sufrido traición, si has sufrido rechazo, si alguna vez tus propios seres más queridos te han dado la espalda, hoy te digo que el Espíritu Santo puede ayudarte a perdonarlos, a restaurar tu autoestima y lo más maravilloso, a usar esa situación para que cumplas tu propósito en la vida. Él es experto en recoger pedazos de sueños y rearmarlos en uno mayor. No hay mejor amigo, no hay nadie más fiel ni poderoso, y te ama, si, te ama de manera incondicional e indescriptible. Por eso el título de esta obra: Íntimos

Si Dios te amó y te guardó cuando aún eras su enemigo, ¡imagínate lo que puede darte como el mejor de tus Amigos!

Pero el Señor estuvo a mi lado, y me dio fuerzas.
Pablo a Timoteo

---

[257] Mateo 26:47-50

ÍNTIMOS

"Como el Padre me ha amado, así también yo os he amado; permaneced en mi amor."[258]

No tengo problemas en imaginar una perfecta comunión entre Jesús y el Padre. Después de todo, todos conocemos a alguien que se lleva muy bien con su papá y viceversa. Conozco hijos que honran profunda y constantemente a sus padres, y padres que los orientan, enseñan y corrigen con sabiduría, amor y edificación admirables. La dificultad surge en mi alma cuando leo y entiendo que Jesús me lo está diciendo a mí. Cuando Jesús me dice que de la misma manera que el Padre lo ama a Él, Jesús me ama a mí, a Eduardo Villegas, un simple hombre lleno de defectos y errores, de inseguridades y temores. Es allí donde dudo. Vuelve a leer el verso arriba. ¿Cómo puede el Señor amarme de una manera tan profunda cuando yo simplemente no puedo corresponderle del mismo modo? Para empezar, aún estoy tratando de amar y bendecir a mis enemigos y de orar por mis transgresores. Segundo, el suyo es un amor trascendente, un amor que derriba toda resistencia, que proviene de su poder y santidad. Tercero, el Padre, el Hijo y el Espíritu Santo están tan conectados y alineados que los Tres son Uno, y cada Uno es los Tres. ¿Cómo podría yo ser parte de esa ecuación? ¿Cómo puedo

---

[258] Juan 15:9

comparar el amor del Padre por mí, una persona con tantas limitaciones, con el amor que el Padre siente por Jesucristo, el Mesías, el Amado del Cielo, el Hijo del Altísimo en quien el Padre se deleita y tiene complacencia? No tiene ningún sentido ni lógica. Pero nadie ha dicho que lo tenga.

Ahora bien, soñemos por un momento y dime: ¿cómo te sentirías si te supieras amado por Dios? ¿Si entendieras que, aunque tu hubieras sido el único ser humano salvable y rescatable en toda la tierra, Él habría muerto por ti porque quiere estar contigo y ser tu mejor amigo? Ensancha por un momento tu imaginación: ¿Qué tal si te percataras de que cada Palabra escrita en la Biblia es también tu historia real con Jesús? ¿Puedes entender, aceptar y recibir que el Evangelio (las Buenas Nuevas del Reino) contienen tu nombre? ¿Es posible que se trate de ti? Imagínalo por un momento: en medio de las tinieblas, una Luz alumbra sobre ti. Entre tanta incertidumbre e inseguridad, Dios vela por ti. En medio de la inmundicia, la perversión y los vicios, Alguien te mantiene libre. Todo parece confuso y sin sentido, pero tu avanzas a un futuro especial, único. Mientras todos sufren insomnio, Él te hace dormir profundamente. Mientras todos escogen ser huérfanos espirituales, tú tienes un Padre amoroso y protector. ¿Qué pasaría si descubrieras que tienes a un Dios que es completamente personal? ¿Un Espíritu Santo que mantiene un inventario constante de tus cabellos, conociendo cuántos se caen y cuántos nacen cada día?[259] ¿Qué tal si resultara que Dios no te ama menos a ti que a mí? Esa es fácil, pero ¿qué tal si resultara que es verdad, que Dios te ama tanto como ama a Jesús?

No tiene sentido. Pero nadie ha dicho que lo tenga...

---

[259] Mateo 10:30 *"Pues aún vuestros cabellos están todos contados."*

¿Qué pasaría si todo lo afirmado en este libro fuese la Verdad? Después de todo, ¡está en su Palabra! ¿Miente acaso Dios para hacernos sentir mejor? Imposible, Él no puede mentir. Si, ya sé que no puede ser, con todos tus errores y fracasos, con todas tus metidas de pata. Bueno, yo tampoco podía creerlo, pero estoy aprendiendo y empezando a asimilarlo porque es la Verdad. La maravillosa realidad del Evangelio de Jesucristo. Que tú eres profundamente amada, profundamente amado, tal y como eres, ahora mismo, en este momento y en cada momento, siempre. Permanece en su amor.

Hoy se rompen todas esas barreras que el pecado y el enemigo han puesto entre el Espíritu Santo y tú. Hoy se derriban todas las mentiras que el diablo te ha dicho a través de familiares, amigos, medios y redes sociales. Hoy vas a entender la más maravillosa de todas las verdades: que Jesús te ama a ti, no solo al mundo en general sino específicamente a ti. Él conoce tu nombre, y lo pronuncia. Jesús intercede por ti, susurrándole continuamente tu nombre al Padre. Vino a rescatarte. Vela por ti. El Evangelio se trata de ti. Las profecías, el nacimiento, la vida inmaculada, la crucifixión y la poderosa resurrección del Mesías ocurrieron por ti. Para ti. Para rescatarte. Eres el centro del amor del Padre. La Biblia es la historia de tu salida de Egipto, de tu rescate en el desierto y de tu restauración en la tierra prometida. Solo tienes que percatarte y meterte en la historia. Solo tienes que creerlo de verdad y lo podrás ver. Él tiene un propósito y guarda una piedrecita blanca que contiene tu verdadero nombre (Apocalipsis 2:17). La historia de Jesús, de la Navidad, no es únicamente un mensaje de esperanza; es tu historia con tu Dios. Emanuel, Dios con nosotros y, por lo tanto, contigo. Es tu vida eterna. Solo tienes que recibirla, entrar en ella. Por eso dice: "permaneced en mi amor." ¿Sabes cuál es tu mejor amigo en el universo? La maravillosa persona del Espíritu Santo. Nadie más puede ofrecerte tan grande amistad. ¿Lo puedes creer?

"Estas cosas os he hablado, para que mi gozo esté en vosotros, y vuestro gozo sea cumplido." [260]

Si has sentido la voz del Espíritu hablarte en este libro, no lo vayas a cerrar sin antes reconciliarte con el Padre a través del Hijo, Jesucristo. No lo dejes para mañana. No lo dejes para dentro de un rato. Es aquí donde la verdadera vida empieza. La vida eterna. Esto no es una invitación para volverte evangélico, carismático ni protestante, ni a ser parte de ninguna religión o culto. Tampoco es un compromiso de volverte perfecto o moralmente intachable. Es un llamado que el Espíritu Santo de Dios te inspira a hacerle. Él te invita a ejercer tu potestad de ser hecho hijo de Dios,[261] aceptando a Jesús como tu único y suficiente Salvador, e invitándolo a ser el guía y Señor de tu vida. Solo tienes que decirle en voz alta algo como:

Señor Jesús, te entrego mi corazón y te invito a venir a mi vida. Perdona mis muchos errores y fracasos. Yo creo que tu fuiste a esa Cruz a llevar sobre Ti el castigo que me correspondía. Yo creo que Tú eres el Hijo de Dios y que Dios te levantó de entre los muertos. Ven, guíame, transfórmame y mora en mí Señor. ¡Amén!

---

[260] Juan 15:11
[261] Juan 1:12

Como el que busca sus anteojos mientras los lleva puestos, a veces Te busco afuera y creo que Te perdí, pero es solo porque estás tan cerca que no Te veo...

Printed in the United States
By Bookmasters